中国方言民俗图典系列 · 第一辑

编委会

国家出版基金项目
NATIONAL PUBLICATION FOUNDATION

“十二五”国家重点图书出版规划项目

宁远方言民俗图典

李永新 李翠云 著

中国方言民俗图典系列·第一辑

主编 侯精一 李守业 曹志耘

语文出版社
·北京·

图书在版编目（CIP）数据

宁远方言民俗图典 / 李永新，李翠云著. -- 北京 ：语文出版社，2014.12
（中国方言民俗图典系列. 第1辑）
ISBN 978-7-80241-538-6

Ⅰ. ①宁… Ⅱ. ①李… ②李… Ⅲ. ①方言－介绍－宁远县②风俗习惯－介绍－宁远县 Ⅳ. ①H17 ②K892.464.4

中国版本图书馆CIP数据核字(2014)第103032号

策划编辑 慈 舒 傅雪梅
责任编辑 金春梅
装帧设计 奇文云海·设计顾问
出　　版 语文出版社
地　　址 北京市东城区朝阳门内南小街51号 100010
电子信箱 ywcbsywp@163.com
排　　版 奇文云海·设计顾问
印刷装订 北京顺诚彩色印刷有限公司
发　　行 语文出版社 新华书店经销
规　　格 787mm×1092mm
开　　本 1/16
印　　张 20.25
字　　数 382千字
版　　次 2014年12月第1版
印　　次 2014年12月第1次印刷
印　　数 1-1,500
定　　价 98.00元

010-65253954(咨询) 010-65251033(购书) 010-65250075(印装质量)

〔总 序〕

现代方言民俗文化是中华民族文化的延续、依托。它作为传统文化渗透、蔓延于当今社会生活的多个层面。现代方言民俗文化又是重要的非物质文化遗产资源。随着社会的快速发展，不少方言民俗已经消失或面临消失。因此，调查和挖掘这些非物质文化遗产资源，意义重大，时不我待。

“中国方言民俗图典系列”（第一辑）是2010年度国家出版基金资助项目，2011年列入“十二五”国家重点图书出版规划。第一辑共计十卷，涉及官话、晋语、吴语、徽语、粤语、平话、闽语、客家话等八个方言区。各卷内容主要包括房舍建筑、日常用具、服饰穿戴、饮食起居、农工百艺、婚育丧葬、岁时节令、游戏娱乐、宗教信仰等。

“百里不同风，千里不同俗，户异政，人殊服。”（《汉书·王吉传》）方言民俗是地域文化的重要内容，具有明显的地方性。以民居文化为例，各地多有不同，如北京的四合院，平遥的窑儿、四合头院、二（三）进院，汤溪的屋、老屋，梅州的围龙屋、碉楼，揭阳的四点金、下山虎。“中国方言民俗图典系列”融合现代方言与各地民俗文化，采用方言词语加注国际音标并配以图片的方法，反映和保存现代方言与其所承载的地方民风与民俗，是方言研究与民俗文化研究相结合的有益尝试。

城镇化的发展，势必带来传统村落的消亡，以及与此伴随的民俗文化的消失。“中国方言民俗图典系列”（第一辑）的出版，正是对濒临消失的“一种传统”“一种民族符号”以至“一种语音”的有效保存，无疑具有重要的历史意义与人文价值。以下略举数例：

在《平遥方言民俗图典》中收有“墙围子”“炕围子”两个条目及相关的文字说明和图片。

墙围子 [tɕyə^{13}uei^{31}tsʌʔ^{13}]　房间内墙壁上用油漆制作的装饰性彩色围墙。制作方法是，先以麻纸贴墙，绘画打底，再刷以油漆。其位置在第十八层墙砖之上，高约50厘米。（当地称作“十八层缠腰”）边框多以回纹组成，寓意“富贵不断头”。所绘内容多为山川景致、花卉人物及神话传说，如二十四孝图等。内涵丰富，寓意深厚。

炕围子 [kʰuə³⁵uei⁵³tsʌʔ³¹]　沿炕用油漆制作的彩色围墙图画，既美观且实用，极具装饰性。制作方法及所绘内容与“墙围子”同。

“墙围子”“炕围子”又称作“民间墙围画”。墙围画始于宋代，发展于明清之交，至今流传于山西、陕西、内蒙古等地区。晋北原平县的墙围画素负盛名，中国美术馆曾予以收藏、展出。

从《平遥方言民俗图典》收录的条目与图片中还可看到平遥保存的以“卐”为标识的吉祥文化。如正月初八祭星蜡烛摆成的“卐”字、出殡时曾孙包头上的“卐”字等。“卐”，音wàn，梵文，意为吉祥万德之所集。（见《辞源》《辞海》）“卐”崇拜现象作为传统地域文化的缩影在今平遥随处可见。（冯良珍、陈晨《平遥民俗中的卐崇拜现象探析》，《中原文化研究》2014–2）

《汤溪方言民俗图典》有关于“五道太婆”的记载：“在笔者的家族中，也流传着一个‘五道太婆’[ŋ^{11}də^{11}tʰɑ^{24}bɤ^{0}]的传说，相传她是蛇精所化的神，擅搬运之术。”山西平遥方言有“五道爷”[uʌʔ^{53}tɔ^{35}iɛ^{13}]、“五道娘”[uʌʔ^{53}tɔ^{35}ȵiɑ^{13}]（传说中的神灵）。北京有五道庙，在西城区铁树斜街与樱桃斜街之间的路口处。五道神早在汉魏典籍中就有记载，唐宋以后对该神的信仰已深入民间，到明清时则更为普遍。（薛文礼、郭永平《晋北部落村的五道神：民间信仰的“冷热”反思》，《民族文学研究》2011–3）各地方言民俗有关五道神的不同说法，是宗教文化的历史积淀在不同地域文化中的显现。

“中国方言民俗图典系列”（第一辑）各卷的作者对当地方言文化素有研究，为做好本项目，于紧张的教学之余，多次下去进行调查、拍摄图片，几易其稿，备尝辛苦。限于篇幅，每卷只能选用一定数量的条目及相应的照片，其余只好割爱。我们期待这套书的出版，能引起社会对保存方言及方言民俗文化的关注，尽可能为后人留下一些珍贵的历史文化资料。

侯精一　李守业　曹志耘

于2014年初春

目录

〔引 言〕

一 地理人口

宁远县位于湖南省南部，南岭中段萌渚岭北麓。东邻新田、嘉禾、蓝山三县，南接江华瑶族自治县，西连道县、双牌县，北界祁阳县。地处于东经 111° 43′25″ ~ 112° 15′10″、北纬 25° 11′ 39″ ~ 26° 8′ 23″ 之间。全县南北长 102.5 千米，东西宽 53.2 千米，总面积 2510.96 平方千米。宁远县四面环山，南有九嶷山，北有阳明山，东有云雾山，西有白云山。最高海拔 1951.2 米，最低海拔 165 米，山丘面积占 62.78%。县内有泠、营、舂、仁四条较大的河流，自南、北向西在道县注入潇水。

据《宁远县志（1978—2003）》，2003 年，宁远县有 78 万人口，其中农业人口 72 万。居民以汉族为主，其次为瑶族，另有壮、黎、纳西、苗、满、侗、土、布依、藏、蒙古、回、傣、水、彝、高山、普米等民族。除瑶族为世居民族外，其他少数民族均为婚入或工作分配到宁远定居。瑶族主要分布在九嶷山瑶族乡、荒塘瑶族乡、棉花坪瑶族乡、桐木漯瑶族乡等四个瑶族乡。2003 年年底，少数民族 2 万余人，其中瑶族 15,956 人，占少数民族总数的 96%。

宁远县李姓人数最多，占全县人口的百分之一。2 万人以上的还有欧阳、唐、陈、张、王、刘、蒋、欧、黄、郑、何、周等 12 姓。

二　历史沿革

宁远县建制历史悠久。自秦置县至今，已有两千多年，先后更迭 12 次县名和 1 个侯国。秦为舂陵、泠道，属长沙郡。汉武帝汉元朔五年（前 124）设舂陵侯国。王莽改为泠陵和九嶷亭，西晋改为舂阳县，隋末改为梁兴，唐初更为唐兴，属道州，后改为武盛、延唐，五代后梁改为延昌，后晋改为延熹。宋乾德二年（964）改称宁远，以远方安宁之意而得名，属荆湖南路道州江华郡。明洪武元年（1368），宁远属道州府。洪武九年（1376），宁远属于湖广省永州府道州。明崇祯十二年（1639）划境内东北部南、北二乡十三里置新田县，宁远仍属永州府道州。清康熙三年（1664）设湖南省，宁远县属湖南省衡永郴桂道永州府。民国三年（1914），废府留道，宁远属衡阳道。民国十一年（1922）废道，设行政督察区，宁远属于第七行政督察区。民国十六年（1927）划县境东北阳明山区及新田、祁阳、桂阳等部分，设阳明县。民国二十年（1931）改阳明县为阳明特别区，民国二十二年（1933）撤销，原宁远划出地复归宁远。民国二十六年（1937），宁远县属湖南省第九行政督察区。民国二十九年（1940）第九行政督察区改名为第七行政督察区。新中国成立前夕，宁远属于第七行政督察区。

1949 年 11 月，宁远县和平解放，县人民政府成立。宁远县属湖南省永州专员公署（后改为零陵专区）。1952 年 11 月，并衡阳、零陵、郴州三个专区为湘南行政公署，宁远县属湘南行政公署。1954 年撤销湘南行政公署，恢复衡阳、郴州专区，宁远属衡阳专区。1962 年恢复零陵行政公署，宁远属零陵行政公署。1995 年撤销零陵行政公署，成立永州市，宁远属永州市。

宁远县现辖 17 个乡镇 687 个行政村。17 个乡镇是：舜陵镇、天堂镇、水市镇、冷水镇、湾井镇、中和镇、禾亭镇、仁和镇、太平镇、柏家坪镇、鲤溪镇、清水桥镇、保安乡、九嶷山瑶族乡、棉花坪瑶族乡、桐木漯瑶族乡、荒塘瑶族乡。

“宁远为舜帝藏精之所，光武发祥之基，牌祖生卒之地，濂溪汤沐之乡。”(《宁远县志（1978—2003）》）闻名于世的九嶷山就坐落在宁远南端，《史记》载“舜……南巡狩，崩于苍梧之野，葬于江南九嶷”。舜葬九嶷，还为《尚书》《国语》《山海经》《礼记》《淮南子》《吕氏春秋》《帝王世纪》等典籍所肯定。光武皇帝刘秀的高祖叫刘买。公元前 124 年，刘买为舂陵节侯。刘秀登基后不忘发祥之基，于公元 42 年下诏：令零陵郡及所辖泠道县建庙，祭祀皇高祖舂陵节侯刘买、伯曾祖舂陵戴侯刘熊渠，每年五祭：春、夏、秋、冬、腊。故有舂陵为“光武刘秀发祥之基”一说。李郃是宁远下灌人。李郃在公元 831 年至 836 年任贺州刺史期间，撰写《骰子彩选格》三卷，并将这些彩选格加以整理，创制出“叶子戏”。叶子戏后演变为麻将。下灌在宁远县九嶷山风景名胜区之内，因此也就有了九嶷为“牌祖李郜生卒之地”一说。周恩来祖居大厅悬有“锡养堂”匾，这个“锡”即是指在宁远开基的先祖周如锡。公元960年，周敦颐（濂溪先生）祖父从延唐（今宁远）大阳洞迁道州营乐乡。周敦颐、周树人、周恩来分别为周如锡十二、四十二、四十三世孙。基于此，有九嶷为“濂溪周子汤沐之乡”一说。

自唐至清，宁远有两个状元和67名进士。屈原、司马迁、李白、杜甫、元结、韩愈、柳宗元、苏轼、陆游、徐霞客、何绍基等诸多文人墨客吟诗赋文，歌咏这片神奇的土地，留下不计其数的雅韵。

三　方言

宁远境内有瑶语和汉语，县内世居的瑶民对内说瑶语，对外说汉语。境内汉语分官话、平话和土话。宁远官话属于西南官话，是县内通用语。土话则分布在太平镇、冷水镇。平话使用人口约占50%，是宁远第二大方言。周边各县的人一般不懂平话。独特的地位使得平话成为在外地的宁远人相认的依据。一般将宁远平话按照地理位置分为东南西北四路，东南西三路差别不大，北路平话与其他三路平话有较大的差别。本书的记音以西路中和平话为准。

四　凡例

1．本书调查地点以宁远县中和镇为主，也调查该县的其他地方。按照方位，宁远县除了原城关镇（包括现在的舜陵镇、天堂镇）外，分成东西南北四路，西路为中和。中和镇原来辖四乡一场，分别为中和、慕投、保和、新开等四个乡和白云山林场。现在四个乡的行政级别已经撤销，改为四个责任区，但中和镇的辖区范围不变。我们的调查以慕投责任区的新彰佳村为主。新彰佳为行政村，包括新彰佳、砠脚、寒家坪、牛形岭等自然村。与新彰佳相邻的老彰佳、黄坝头三个行政村都是李姓，讲平话。除了中和镇外，我们还到湾井镇、柏家坪镇、仁和镇、舜陵镇等地进行了调查。

2．本书按照“民间的、传统的、活着的”这一原则来选取民俗事项。宁远是个双方言区，受强势方言官话的影响，大量的名物采用了官话的名称（这些名物很早就存在了，而且一直存在于本地，最初应该有平话的名称）。考虑到这种现象大量存在，不收入则不能反映宁远方言民俗的全貌和特色，所以，本书也收录了一些没有平话名称的民俗事项。上世纪八九十年代，传统的方言民俗发生了较大的变化，农村的方言民俗逐渐向城市的方言民俗转变。本书重点介绍传统的方言民俗，现代才出现的方言民俗只在必要时才作简单介绍。城镇和农村的方言民俗有些差异，本书介绍以农村方言民俗为主。

3．本书分房舍建筑、日常用具、服饰穿戴、饮食起居、农工百艺、婚育丧葬、岁节时令、游戏娱乐、宗教信仰等九章介绍宁远方言民俗。可以归入不同章节的内容，一般在后面章节进行介绍。为了便于对同类事物的了解，本书把个别分别属于不同章节的民俗事项，调到一起进行介绍。如在房舍建筑中介绍了鸡圈，就一并对本应归于日常用具的“鸡笼”进行了介绍。相同的民俗事项有多种表现形式，本书大致以60岁左右调查对象的认识为依据，先介绍最常见的或者最常用的，再介绍次常用的或者次常见的，依次类推。例如，现在最常见的屋是正屋，现在最流行的是平房，故而先介绍统称的屋，再介绍正屋，后介绍平房。

4．本书采用国际音标符号注音。如有连读变调，只记录变调，不记单字调。由于宁远官话是宁远的强势方言，平话有很多来自官话的借词。来自官话的借词，有两种情况，一种是平话中有相应的音节或者声韵，一种是平话中没有相应的音节或者声韵。两种情况，本书均记录实际读音。

5．本书的图片均为当地实拍的照片。

6．书中条目使用方言词，本字不明的语素，用□代表。不同方言词中的□代表不同的语素。

壹·房舍建筑

图1－1 坝上的拱桥

与湖南多数地方一样，宁远“靠山岩而扎寨，傍水湾而结坊”。村庄一般建在高地，依山而临水。住宅前后，喜栽种桃、李、柚、枣、葡萄等果树。住宅旁边或者后面，建有厕所和猪圈。现在的农村，住宅前面还装有摇井，建有洗衣台。走进农家，就能明显感受到浓厚的湖南特色。

宁远的住宅特别是农村的房舍大体可以分成三个历史层次。老式住宅被称为“老辈屋”，一般是青砖青瓦（也有木结构或砖木混合结构），有马头墙和天井，雕梁画栋。“老辈屋”一般在大型村子里保存较多。新中国建国前后到上世纪七八十年代建设的房舍，主要是正屋，多数为砖木结构，砖以泥砖为主，少数是红砖。讲究实用，不追求华美的形式。从上世纪八十年代开始，流行建造平房，一般采用红砖砌墙，以水泥板为屋顶，不再盖瓦。进入新世纪以后建设的水泥板屋顶的屋子一般都有两层或者三层，第二层开始伸出一到两米，使得第一层有一个避雨的空间。现在的楼房越来越多，而且越来越讲究外观，不少新建的屋子在外墙上贴了瓷砖。

宁远属于江南水乡，水多，河多，可以见到各式各样的桥。从上世纪开始，宁远大力发展烤烟业，烤烟房也是宁远农村比较常见的建筑物。此外，宁远还保存或修建了不少古式建筑，如文庙、舜帝陵、永乐寺、状元楼、文星塔等。这些古式建筑，一般都是青砖灰瓦，古色古香，或者红墙黄瓦，金碧辉煌。

一　住宅

屋 [ɔ²¹³]

宁远平话中的“屋”一般是指住宅，“屋”包括了厨房、厕所以及猪圈、烤烟房等附属建筑，但单独的猪圈、厕所、烤烟房不能称“屋”。宁远农村住宅前留有坪子，坪子前有路。一般来说，新建屋子不能拦住已有住宅的道路，而且，在已有住宅大门前新建住宅，新建的住宅屋顶不能高于已有住宅，否则都会被认为不利于已有住宅主人的发展。

正屋 [tso⁵⁵ɔ³³]

正屋流行于上世纪六七十年代。正屋一般坐北朝南，形状方正，功能较全。居中一间是堂屋，两边是卧室和厨房。堂屋上头有正梁。正屋一般是两层楼房。有的正屋第二层高度较小，一般只能用来收藏物品。典型正屋，客厅与两边的厢房并不建在一个平面上，客厅一般退进一米左右，称为“缩水”（见图 1–2）。有些正屋的客厅和两边厢房在一个平面上（见图 1–3）。

图1－2 正屋（1）

图1－3 正屋（2）

图1－4 洋子屋

洋子屋 [iẽ^{24}lə^{33}ɔ^{213}]

“洋子屋”一般是楼房。与正屋的显著区别是，洋子屋是四面坡顶，第二层有吊脚楼式的阳台。现在所见的洋子屋一般都是泥砖墙，屋脊一般都压有一层青砖，以防屋脊瓦片被风刮走。“洋子屋”是富裕人家建的住宅，这种房子不多见，一个村子只有一两座洋子屋。现在已经没有人建造洋子屋，已经老化的洋子屋也只保留在少数村中。

老辈正屋 [lie^{55}pə^{21}tso^{55}ɔ^{33}]

“老辈正屋”是用青砖砌成的老式房屋。典型的“老辈正屋”的大门以及大门两侧的墙体是木板结构，前面的屋檐伸出墙体两米左右，并用梁柱支撑。门口有较宽的平台，平台用青石铺成。老辈正屋一般都有马头墙。一些较大的村子还保留较多的老辈正屋，但一般都比较破旧，已经不适合居住了。

图1－5 老辈正屋

图1－6 上座下座

上座下座 [sõ^{21}tsʰə^{55}xo^{55}tsʰə^{55}]

“上座下座”是二进式或者多进式的老辈正屋的统称。在上座和下座的中间一般都有天井。“上座下座”是大户人家的住宅，一般辈分高的住上座，辈分低的住下座。

偏厦 [pʰiɔ^{33}sa^{33}]

偏厦指单面坡顶的屋子。偏厦一般搭靠在别的屋子上，屋脊低于它所搭靠的屋子的屋脊。有的人把偏厦作为杂屋或者厨房等。

图1－7 偏厦（1）

图1－8 偏厦（2）

平房 [pʰiẽ^{21}fã^{21}]

“平房”是与瓦屋相对而言的。用水泥板作屋顶的屋子就是平房。平房在上世纪九十年代开始流行，一般是红砖水泥板结构，墙体用红砖砌成，屋顶是钢筋水泥板。登上屋顶的楼梯一般在屋子内，楼梯顶上有“炮楼”，以免雨水从楼梯上流进屋子。平房的屋顶可以晒稻谷、豆子等。所以，平房出现后，晒谷坪、棚簟等逐渐消失。原来的平房多数是单层的，近年来开始出现两层和多层的平房。“平房”是来自官话的借词。

图1－9 平房（1）

图1－10 平房（2）

厅屋 [tʰio^{35}xɔ^{33}]

“厅屋”即堂屋，是正屋居中的一间。厅屋集餐厅、客厅、神堂为一体。

上座下座的厅屋包括了上厅屋[sẽ^{21}tʰio^{35}xɔ^{33}]和下厅屋[xo^{55}tʰio^{35}xɔ^{33}]。从大门进入第一厅是下厅屋，穿过天井，就是上厅屋。

上厅屋三面墙壁，敞开的一面两侧有通道，通过通道可以出入屋子。右边通道就建在“□沟”[tsuã^{55}kəu^{55}]（阴沟）上。通道上出入屋子的门称“耳门”[ə^{55}miã^{33}]（又称“背底门”）。厅屋的两侧有卧室，称“子间子”[tsɿ^{33}ke^{55}lə^{21}]。

改革开放前后建造的屋子，虽然也有厅屋，但厅屋的功能比较多。这一时期的厅屋可以分成两个部分，外面是用餐的区域，摆放餐桌、水缸、洗脸架等，里面是堆放杂物的区域。磨石（石磨）、狗窝、鸡窝、打谷机甚至谷仓等都可以放在厅屋里。里外之间没有任何隔断设施。现代多数厅屋比较讲究，一般摆放餐桌、沙发、电视柜及电视。

图1－11 上厅屋

图1－12 下厅屋

图1－13 正屋中的厅屋

图1－14 神堂

图1－15 倒槽

神堂 [sã^{24}tʰẽ^{55}]

神堂是敬供祖宗的地方。旧式厅屋，神龛镶嵌在上厅屋里边的墙上，正对大门和天井。现代的正屋中一般没有专门的神堂。新世纪以后建造的平房，又开始设神堂。

倒槽 [tie^{55}tɕʰɔ^{24}]

倒槽是厅屋后一间狭小的屋子。倒槽可以作为卧室和书房，也可以用来放缸、坛或者堆放杂物。厅屋的神堂边有一扇门，可以进入倒槽。

元鞑子墙根 [yẽ^{21}ta^{21}tsɿ^{33}tɕʰiẽ^{24}kã^{55}]

在一些大型的村子里，还保存了元朝时代的建筑。这种建筑的突出特点，就在它的内墙：在客厅内墙的上面部分靠近屋顶的地方，用编织成网状的竹子糊在墙的表面。为了保护这层竹子，有的还在竹子的外面糊上石灰浆。现在石灰浆已经剥落，竹子还依稀可辨。因为这种墙只在元朝时候建筑，人们就把这种墙称为元鞑子墙根。图 1－16 是在慕投村拍摄的元鞑子墙根。

图1－16 元鞑子墙根

雕花 [ti^{35}xo^{35}]

雕花可以指称房屋构建（如窗子）、家具等上的雕饰。在古式的建筑中，墙柱、窗子等上面都有雕饰。右图是在屋内上厅屋的屋檐下的雕花，这种雕花，也借用官话音称"牛腿"，音[liəu^{21}t^{h}uei^{55}]。现在的住宅，除了窗户外，一般都不雕花。

图1－17 雕花

火炉腹 [fu^{33}lɔ^{35}pu^{33}]

"火炉腹"就是厨房，简称"炉腹"[lɔ^{35}pu^{33}]或者"火炉"[fu^{33}lɔ^{55}]。宁远的家庭也以"火炉"为单位，常常说某某村有几家"火炉"。强调某某与某某以前是一家人，常说他们在多少年前是"打靠火炉食饭的"（共用一个灶煮饭吃的）。

在正屋里，"炉腹"一般位于进门右边的第一间。上座下座的正屋中，厨房则安排在下座进门右边第一间。有的厨房与客厅、卧室不在一个房子里，而是单独成为一个房子。还有些厨房是设在偏厦里。

厨房一般有灶和橱柜。煮饭和炒菜用一个灶，这个灶一般用铁三脚架支撑而成。煮猪潲的灶另立，一般用砖砌成。煮猪潲的灶往往留有烟囱。说是烟囱，其实不设烟管，而是在灶的靠墙部位留一个小洞，煮猪潲时可以在这个小洞上放一个锅子用来烧水，或者将已经煮开但没有熟的饭放在上面，利用余热把饭烧熟。

图1－18 火炉（1）

图1－19 火炉（2）

图1－20 屋脊

图1－21 屋顶

屋脊 [ɔ^{213}tsɿ^{213}]

盖瓦的房屋，在屋顶各面交汇处，压上一层瓦，就是简单的屋脊。宁远的屋脊没有特别的造型。有些房屋，在屋脊上压一层火砖，防止瓦片被风刮走。

瓦片高头 [o^{55}pʰã^{21}kie^{35}tʰəu^{55}]

瓦片高头就是屋顶。盖瓦的屋子，屋顶有两面坡和四面坡两种，两面坡更为常见。四面坡的都是旧式的屋子，如洋子屋。现代的水泥板做顶的屋子，人们也习惯地称屋顶为“瓦片高头”。

垛子 [tə^{33}lə^{33}]

垛子是屋墙的最高点，是支撑梁的部分。以正屋为例，正屋两侧的墙的最高点就是垛子。屋里的“间墙”[ke^{55}tɕʰiẽ^{33}]最高点与屋的外墙最高点一样高的，也叫垛子。因此，可以用“垛子”来说明一座房子的屋子数。只有两间屋子的房子，就是三个垛子。

图1-22 瓦

瓦 [o^{55}]

瓦，也叫瓦片。一般都是敞开的U形，盖屋时开口朝上的和开口朝下的互相勾连，开口朝下的，叫“盖瓦”[kə^{55}o^{55}]，开口朝上的，叫“槽瓦”[tɕ^{h}ie^{24}o^{55}]。屋檐滴水处的瓦的外端向下伸出，形状像舌头，这种瓦称“瓦头”[o^{55}t^{h}əu^{33}]。一般的屋子没有使用瓦头。

杉树皮子 [so^{35}ɕie^{21}p^{h}a^{24}lə^{33}]

将杉树的皮剥下来，晒干后可以盖屋顶。杉树皮子比较轻，为了防止被风刮走，盖上杉树皮子后，还要用石块或者其他重物压住。改革开放前，经济比较落后，买不起瓦的人家就用杉树皮子盖屋。杂房或者猪圈、厕所一般都用杉树皮子盖顶。现在，多数住宅是水泥钢筋结构，盖瓦的比较少，盖杉树皮的就更少。但杂房或者临时搭建厂棚还常常用杉树皮盖顶。

茅草屋 [miəu^{24}tɕ^{h}ie^{33}ɔ^{213}]

有的人家穷，买不起瓦和杉树皮子，就用金禾草[tɕiã^{35}vu^{55}tɕ^{h}ie^{33}]（稻草）或者茅草盖屋。这种房子一般称茅草屋。茅草屋一般是存放柴草的杂房，或者是猪圈、牛圈，或者是厕所。茅草虽然不用买，但是容易腐烂，很容易漏雨，所以，盖茅草屋都是迫不得已的做法。进入新世纪后，有的餐馆用稻草盖屋顶。不过这种屋顶比原来的漂亮得多，除了稻草铺得很美观外，还定期换草，看起来总是新的。

还有一些屋子用石棉瓦、水泥瓦或者沥青纸盖顶。

图1－23 杉树皮子

图1－24 茅草屋

图1－25 石棉瓦

图1－26 水泥瓦

图1－27 水砖墙根

墙根 [tɕʰiẽ^{24}kã^{55}]

墙根就是墙。住宅的墙体主要是青砖、红砖、泥砖。宁远也有少数用木板、竹子等做墙体的屋子。

水砖脑牯 [suɛ^{33}tsuã^{55}lie^{33}kɔ^{33}]

水砖脑牯就是泥砖，也叫水砖。用泥砖砌墙的屋子叫水砖屋[suɛ^{33} tsuã^{55}ɔ^{213}]。

水砖一般家庭自制。制作水砖，叫打砖[ta^{33}tsuã^{35}]。选择水田表层之下的泥巴，让牛反复地踩，以增强黏性，这个过程就是“□砖泥”[ləu^{21}tsuã^{35}li^{33}]。将踩过的泥巴砸进模子中，制成泥砖，晒干后就可以用来砌房子。上世纪六七十年代，空坪上、田埂上，常常可见到堆放的水砖。但现在已经很少有人打水砖了。

用水砖砌墙，为防止水砖被水浸坏，水砖之下，要用石块砌几层。用石块砌成的墙称“子墙根”[tsɿ^{33}tɕiẽ^{24}kã^{55}]。

红砖 [xã^{24}tsuã^{55}]

红砖是用煤烧制的砖，原料一般是“黄泥巴巴”[xiẽ^{24}li^{33}pa^{33}pa^{33}]（黄泥）。黄泥经过煤火烧烤后，成为红褐色，所以这种砖被称为“红砖”。改革开放初期，一个村子只有几座红砖屋子。现在的农村有红砖屋已经不足为奇了，除了住宅用红砖外，一些人家连烤烟房、杂房也是用红砖砌成的。

图1－28 红砖墙根

图1－29 青砖墙根

青砖 [tɕʰio^{35}tsuã^{55}]

青砖，也称火砖。青砖是用泥土做成砖后，再用木材烧制而成。青砖墙是老式的墙，青砖砌成的屋子称“青砖屋”[tɕʰio^{35}tsuã^{55}ɔ^{213}]，是过去有钱人家的屋子。一些大的村子还保留了较多的青砖屋。现在已经不再烧制青砖。

充泥墙根 [tsʰẽ^{35}li^{33}tɕʰiẽ^{24}kã^{55}]

用泥巴一层层直接压制成的墙，就是“充泥墙根”。一些偏僻的山村偶尔还可以看到充泥墙。充泥墙和水砖墙砌的屋子一样，基石之上有“子墙根”，墙体转角之处用一块较大的石头支撑，以防雨水冲刷。充泥墙的屋子一般建在比四周地面高的地方。

图1－30 充泥墙根

图1－31 木墙根

木墙根 [mɔ^{21}tɕ^{h}iẽ^{24}kã^{55}]

过去也用木板做外墙，这种墙在木材富有的村子中比较常见。由于木墙都是把树木锯成板子后做墙，所以也叫“板子墙根”[pie^{33}lə^{33} tɕ^{h}iẽ^{24}kã^{55}]。用木板做外墙的屋子现在很少见了。

风火墙 [xõ^{33}xo^{55}tɕiã^{21}]

风火墙，即马头墙，“风火墙”是借自官话的词。风火墙见于老式屋子，除了仿古建筑（如文庙等）外，上世纪六十年代以后建的屋子一般没有风火墙。

图1－32 风火墙（1）

图1－33 风火墙（2）

图1－34 吊楼

吊楼 [ti^{55}ləu^{33}]

“吊楼”就是楼房上用木板做成的阳台。洋子屋一般都是有吊楼的。在伸出墙外的“楼□树”[ləu^{24}kʰuã^{21}ɕie^{21}]（楼板树，用以铺架楼板的水平柱子）上，铺上木板，四周再围上栏杆。栏杆的部分柱头还支撑架设屋檐的“檩子树”[xe^{24}lə^{33}ɕie^{21}]（檩）。吊楼有门，可以通向屋子。吊楼与吊脚楼相似，都是悬空的。与吊脚楼不同的是，吊楼只是房屋的一部分，吊楼下面没有木柱子的支撑，旁边也没有直接上下的楼梯，出入吊楼只能通过屋子。吊楼上可以晾衣服、存放干红薯藤等。现代建筑中楼上的阳台一般不称吊楼。

门 [miã^{24}]

进入住宅的门叫大门[tʰo^{21}miã^{24}]。大门一般是两扇，而且门框上有窗子。大门一般刷朱红色油漆，也有一些不刷油漆。由客厅进入卧室的门称“间子门”[ke^{55}lə^{21}miã^{24}]，一般是单扇。多数门是木制的。有围墙的住宅，设有围墙门[uɛ^{24}tɕʰiẽ^{55}miã^{24}]。

沙楼子门 [sa^{33}ləu^{21}tsɿ^{55}miã^{24}]

“沙楼子门”即矮门，在大门之外的一扇门，高约大门的三分之一，主要用于拦住鸡、狗等家畜或者家禽。有的“沙楼子门”全部是栅栏型，也有的分成两部分，上边为栅栏形，下边封闭。现在的农村，这种门不多见。“沙楼子”取官话音，得名原因不明。

图1－36 沙楼子门

图1－35 大门

背底门 [pə^{55}ti^{33}miã^{24}]

背底门开设在屋子侧面或者后面，是由卧室出入房屋的门，一般都是单扇，门上不安装窗子。并不是所有的卧室都要开设背底门。农村新婚夫妇的洞房一般都设在有背底门的房间。

上世纪，很多农村家庭在屋子背后或者背底门旁边放置尿桶，便于晚上小便。也有人将尿桶放在卧室角落。放在室内的尿桶不经过大门，而是通过背底门出入。现在，仍有少数老人将尿桶放在卧室中。

图1－37 背底门

门楼 [miã^{24}ləu^{55}]

旧式建筑多数是有门楼的，门楼一般建在几座房子公用的通道上。一些仿古的建筑也建有门楼。上世纪七八十年代以来建的住宅一般不修建门楼。

图1－38 门楼（1）

图1－39 门楼（2）

图1－40 门墩牯

门墩牯 [miã^{24}tuã^{35}kɔ^{33}]

门墩牯就是门墩。门墩和门槛[miã^{24}tɕ^{h}ie^{55}]一般连成一体。门墩牯有石磙墩牯[so^{21}kuã^{33} tuã^{35}kɔ^{33}]（石头门墩）和木墩牯[mɔ^{21}tuã^{35}kɔ^{33}]。石头门墩一般为方形，少数为圆形。人们认为石料的门墩比木制的门墩高档，所以，有钱的人家一般选用石磙门墩牯。

格子 [kə^{21}tsɿ^{33}]

“格子”一词借自官话。“格子”就是窗户，木制的格子称为“木料格子”[mɔ^{21}li^{21} kə^{21}tsɿ^{33}]；有花纹的格子被称为“花格子”[xo^{35} kə^{21}tsɿ^{33}]。“花格子”主要见于古建筑，包括外墙上的、室内墙壁上的和门上的。上世纪六七十年代开始流行简单的“木料格子”，最常见的是方形格子。这种窗子嵌在墙上，根据窗户的大小安装五到九根竖柱子和一根横柱子。九十年代曾流行水泥格子，这种格子也有花饰，一般安装在楼上的外墙上。现在开始流行玻璃格子，形状与城市的窗子相似。

住宅的窗台一般在里面，以便放些杂物。也有一些住宅的窗台在外面。以往的格子

图1－41 木格子和水泥格子

图1-42 猫崽格子

图1－43 楼房的格子

图1－44 靠近屋顶的格子

不挂窗帘，也没有窗门，冬天为了保暖，就在格子外边蒙上一层塑料薄膜或一层报纸。

一般的窗子开设在房屋的前面和后面的墙上，但在屋子侧面墙上靠近屋顶的地方也开设比较小的窗子。这种窗子如果是一个十字形的，一般被称为“猫崽格子”。也有用水泥做成的圆形的窗子。

图1－45 门框上面的格子

图1－46 门上的格子

图1－47 天井

图1－48 天井上面的“天窗”

天井 [$t^{h}ã^{35}tɕ^{h}io^{33}$]

在上座和下座的中间，一般都有天井（[$t^{h}ã^{35}tɕ^{h}io^{33}$]的第二音节应该是“井”的音变），以便给屋子采光。天井包括上下两个结构。上面，在屋顶留出一个口字形的空间，不盖瓦。地面，是青石砌成的一个回字形结构：四周是水槽，用以承接屋檐的滴水；中间是石板铺成的一个坪台。水槽的水不直接从前厅流出，而是从天井右边顺着阴沟流出。寓意肥水不外流。右边阴沟，以青石板盖住，一是方便行走，二是表示水不是流出，而是流入。

坪子 [$p^{h}io^{24}lə^{33}$]

宁远平话称院子为“坪子”，或者“坪子地”[$p^{h}io^{24}lə^{33}t^{h}ɛ^{21}$]。坪子是乘凉、吃饭等活动的场地。生日、婚事等活动，客人较多，客厅容纳不下，就在坪子上摆上餐桌用餐。冬季的晴天，人们常常在坪子上摆上桌子打牌、喝茶。上世纪，坪子一般只是稍作修整，不铺水泥或者石灰。现在的坪子多数用水泥浇灌。小型村子，一般住宅大门前都有一个坪子；比

图1－49 坪子

图1－50 围墙内的坪子

较大的村子，住宅比较密集，住宅大门前就是巷子，没有坪子。

弄牯 [liã^{21}kɔ^{33}]

弄牯就是村中小路，这种小路两边是屋子。一般来说，屋子的大门不正对弄牯。过去的弄牯多以青石板铺成，也有的用河石、鹅卵石或者沙石铺成。有的弄牯自然形成，地面不铺沙石等。弄牯的出口处，有的还建有门楼。

图1－51 弄牯（1）

图1－52 弄牯（2）

街 [ka^{35}]

面对面的屋子中间的路就被称为“街”。街一般比弄牯宽，较大的街的两边往往是商铺。

虾公路 [xo^{35}kã^{55}lɔ^{21}]

宁远多雨，为了防滑，或者避免泥土粘在鞋子上，就在路面铺上石头或者沙子。用石板铺成的路称石板路[so^{21}pie^{33}lɔ^{21}]，用鹅卵石或者河石铺成的路称“虾公路”。“虾公路”一般见于较大的村子。

围楼 [vɛ^{24}ləu^{55}]

围楼就是村庄。宁远多丘陵，小的村子一般依山而建，大的村子则建在空旷地带的高地上。多数村子（特别是大型的、同姓的村子）建有公厅，住宅一般在公厅的左右和后面展开，以保证它前面视野开阔（公厅前面一般还有池塘）。但是，村子不断增大后，就只在公厅前面保留一块空地，越过空地后可以继续建设住宅。村子一般没有村门，但有些村子从新世纪起开始在村口建牌坊。多数村庄居民同宗，少数村子有杂姓。

图1－53 街（1）

图1－54 街（2）

图1－55 虾公路

图1－56 围楼

二　其他建筑

厅 [t^hio^{35}]

厅也称公厅，现在也有人称之为礼堂，是村民聚集议事的公共场所。村子中的一些大型活动，包括红白喜事、吃清明、唱戏等，都可以在厅中举行。厅是村民集资建设的，厅内空间较大，一般不再用墙来分隔区域。厅一般建在村口，前面有池塘。村中的住宅则在厅的左右和后方展开。但是，随着村子的扩大，只保留了厅前面足够的空间，越过这个空间，也可以建造住宅。

图1－57 厅（1）

图1－58 厅（2）

图1－59 厅（3）

图1-60 凉亭（1）

图1-61 凉亭（2）

凉亭 [liẽ^{24}t^{h}io^{55}]

宁远的凉亭有四周封闭式和敞开式两种。有的建在村口，有的建在路旁或者路上，主要是供人娱乐或者休息。凉亭多半是上世纪的建筑，现在只有城镇修建凉亭，农村则很少新建凉亭。现在建造的凉亭都是敞开式的。

牌楼 [p^{h}ia^{24}ləu^{55}]

宁远古建筑的牌楼不多，现存比较著名的是岳家村和下灌村的状元楼。

牌坊 [p^{h}ia^{24}fẽ^{55}]

宁远保存下来的古式的牌坊较少。进入新世纪后，一些村子纷纷在村口修建起了牌坊。

图1-62 状元楼

图1－63 城关镇的牌坊

图1－64 李家村村口的牌楼

图1－65 文星塔

图1－66 水塔

塔 [$t^{h}o^{33}$]

塔有水塔和纪念性的塔，都建在地势较高的地方。宁远的纪念性的塔不多。

图1－67 水砖烤烟房

烤烟房 [$k^{h}ie^{55}$liẽ^{55}fã^{21}]

烤烟房高三米左右。为了保温，内墙用水泥或者泥浆糊一遍。烤烟房顶上盖瓦。门比较窄小，另设有添煤的口子。烤烟房的墙体上有一个烟囱管，所以从外形上很容易识别。原来的烤烟房一般用水砖砌成，现在很多烤烟房用红砖砌成。从上世纪七八十年代开始，宁远就开始大面积种植烤烟。现在，烤烟是宁远农村最主要的经济作物，宁远的税收有很大部分来源于烤烟生产。据报道，宁远烤烟种植面积在八万亩以上。由于烟叶都是在当地烘烤，所以几乎每户烟农都建有烤烟房。“房”借用官话语音。

图1－68 红砖烤烟房

牛栏 [ŋəu^{24}lie^{55}]

牛栏即牛圈。一般一头牛有一个单独的牛栏。改革开放前一段时间，私人不能养牛，耕牛都属于集体。集体的牛不止一头，所以几个牛栏集中在一个屋子里。农村实行承包责任制以后，很多农户都养耕牛。一般一户养一头牛，所以只要一个牛栏就够了。牛栏一般建在住宅旁。一些牛栏用木材做成四方栏杆，四周没有墙壁，顶上盖瓦、杉树皮或茅草等，这种牛栏见于小型村子特别是山村。有的牛栏三面砌有砖墙，前面则是几根嵌有木板的木柱了。现在，多数农户都把牛关在一间屋子里，没有木条和木板制作的牛栏，只是在地面铺有稻草。这种专门关牛的屋子仍被称为牛栏。

猪楼 [tɕie^{35}ləu^{55}]

猪楼即猪圈。猪楼比较矮小，一般建在住房侧面或者后面。有的与厕所连在一起。猪楼的地面一般要低于外边，内铺稻草。门为栅栏形状。改革开放前，农村孩子的学费、油盐钱都靠养猪筹集，所以几乎家家户户都养猪，猪楼是很常见的建筑。现在，人们挣钱的方式比较多，养猪的农户比原来少了，但猪楼还是很常见的。

图1－69 牛栏（1）

图1－70 牛栏（2）

图1－71 猪楼（1）

图1－72 猪楼（2）

图1－73 狗□子 [kəu³³tʰəu⁵⁵lə²¹]（1）

图1－74 狗□子 [kəu³³tʰəu⁵⁵lə²¹]（2）

狗□子 [kəu³³tʰəu⁵⁵lə²¹]

“狗□子”即狗窝。狗窝用砖围成，里面铺稻草。狗窝在住宅内，一般建在客厅最里面的角落。住宅大门的右侧一般留有“狗弄穴”[kəu³³liã²¹fa³³]（狗洞），供狗出入。农村很多家庭都养狗，目的是看屋子防盗。正因为有狗防盗，将鸡圈、猪栏等建在住宅外才放心。

鸡崽 [tsɿ³⁵tsɛ⁵⁵]

鸡崽是用砖砌成的鸡圈，高约一米，里面铺稻草。鸡崽顶上可以放杂物。上世纪，鸡崽可以建在屋子旁边，也可以建在杂房中，有的鸡崽甚至建在堂屋的角落里。现在新建的屋子比较整洁，“鸡崽”不再建在住宅中，而是建在杂房中了。

笼子 [liã²⁴lə³³]

宁远农村几乎每家都养鸡，但不是每家都建鸡圈，很多人家直接将鸡关在笼子里。这种笼子，也就是“鸡崽笼子”。

图1－75 鸡崽

图1－76 笼子

鸡□子 [tsʅ^{35}t^{h}əu^{55}lə^{21}]

“鸡□子”是提供母鸡孵鸡蛋的场地，一般用铺上稻草的旧箩筐或者没有提手的篮子做成。上世纪，“鸡□子”放在堂屋的角落里。现在，“鸡□子”要么放在杂房中，要么白天放在屋檐下，晚上收回屋中。

图1－77 鸡□子 [tsʅ^{35}t^{h}əu^{55}lə^{21}]

仓 [ts^{h}ẽ^{35}]

“仓”即粮仓。粮仓为木质结构，四四方方，四角是柱子，周边用木板镶成。前面有一组活动的木板，就是仓门。仓一般放在屋子里，也可以放在住宅前面或者旁边。屋子外的仓，上面盖瓦。仓内除了装谷物外，也装一些其他的食品，如花生、红瓜子。

窖 [tɕiəu^{55}]

宁远的窖主要用来存放红薯，偶尔也会存放一些萝卜等食物。窖都设在室外。村子里所有的窖都集中在村后的山坡上。窖集中在一个区域，可以避免人畜掉入窖中。窖深 4～5 米，窖口直径 1.2～1.5 米，比箩筐稍大。窖底比窖口大，窖口的投影区较低，周边较高，存放的食品一般就放在窖口投影区的周围。有的窖，在离开窖底一米左右挖个环形凹区，食物就存放在凹形区中。窖口一般用石头稍作修砌。窖口上面用草或者沥青等可以挡雨的物品做成盖子，斜盖窖口；有的用杉树枝条或荆棘盖在窖口上。

图1－78 放在室外的仓（1）

图1－79 放在室外的仓（2）

图1－80 窖（1）

图1－81 窖（2）

井□ [tɕio^{33}fa^{33}]

“井□”就是水井。一个村子至少有一口水井。水井有舀水井和吊水井，舀水井的水一直往外流；吊水井的水面离开井口有一段距离。一般村子的舀水井，除了井穴，还包括两个水池，一个用以洗菜，一个用以洗衣。洗衣池在洗菜池的下游。宁远水资源丰富，绝大多数村子可以挖掘舀水井。只有找不到合适地点挖掘出舀水井的村子才挖掘吊水井。吊水井和舀水井都是公用设施。现在许多家庭都在自家门前挖掘水井，由于住宅比较高，水不能到达井口，所以装上了压水机（摇水机），这种井又叫“摇井”（官话借词）。摇井的旁边一般都建有水泥板台面的洗衣台。

图1－82 舀水井

图1－83 吊水井

图1－84 摇井

碓屋 [tə^{55}ɔ^{33}]

专用的碓屋比住宅要矮小。过去碓的利用率较高，舂米、舂馅心（用于做馅心粑粑）等都要用到碓，所以每个村都有碓。现在几乎不需要用碓，多数村子的碓屋已经破损废弃。

油榨 [iəu^{24}tso^{55}]

油榨就是油坊。宁远油坊主要是榨茶油。大集体时期，宁远有专门的油榨，平日空闲，霜降之后启用。农村实行家庭承包责任制后，茶山也分到户，专门的油榨也就逐渐废弃。现在的油榨，就设在家庭的厨房或者杂房中。榨油设施平时收藏起来，霜降之后，油榨才开始工作。现在榨油，烘、蒸茶籽以及将茶籽做成一个一个的饼，都是手工完成，而碾、榨都是用机器。宁远还有一些菜籽油、花生油的榨油坊，也都是个体经营，用机器榨油。

砖窑 [tsuã^{35}ɿ^{24}]

砖窑不仅指砖窑本身，也指连同砖窑在内的整个砖厂。新世纪以来，由于盖房子等建设比较多，宁远新建了很多砖窑，几乎每个乡镇都建有砖窑。现在的砖窑主要烧制红砖。为了方便取材，砖窑都建在山坡上。

图1－85 碓

图1－86 油榨

图1－87 砖窑

石灰窑 [so^{21}fə^{55}ɿ^{24}]

石灰窑一般建在坡上或者石山边。原来农村经常用到石灰，建房子要用石灰做成“□泥”[tsɿ^{33}li^{33}]（泥浆），粉刷墙壁、农田杀虫、清明扫墓、做米豆腐等，也都要用到石灰。现在建筑活动中用水泥替代石灰，农田也不用石灰，石灰需求量变少，多数石灰窑也就被废弃了。

炭窑 [t^{h}ie^{55}ɿ^{24}]

炭窑都建在山上，以便就地取材烧炭。烧炭的人可以每年在不同的地方做炭窑，也可以几年都在同一个地方烧炭。只用一次的炭窑比较小，外形像斗笠，被称为“笠头窑”[lɛ^{21}t^{h}əu^{33} ɿ^{24}]（见图 5–100）；可以反复使用，形状比较大，形状像棺材的炭窑，被称为“木头窑”[mɔ^{21}t^{h}əu^{33} ɿ^{24}]（见图 5–101）。

图1－88 石灰窑

拱桥 [kiẽ^{33}tsʰɿ^{33}]

宁远河流较多，可以见到各式各样的桥。拱桥一般见于稍大的河上，多数是钢筋水泥结构，桥面可以通车。宁远县还保存有一些石拱桥，主要建在从村中流过的河流上。

图1－89 拱桥（1）

图1－90 拱桥（2）

板子桥 [pie^{33}lə^{33}tsʰɿ^{24}]

图1－91 板子桥

板子桥就是用木板做的桥。在几根木头上面横钉几块木板就制成了简单的板子桥。这种桥多数是私人铺设的。八字先生或者鬼婆给前来算命、问神的人开出一些方子，以解除其厄运。其中不少方子，就是在吉日的吉时，架设一座某某方向的桥。这种桥，大小不限，但是桥身的两边要镶嵌上五彩布。五彩布用五种不同颜色的布叠置在一起。桥架好后，要由一个被认为很有福分的人牵他走过去。这个“有福分的人”站在桥的对面，将架桥人牵过桥后便说“过来了”，意思是将不顺利的一段走过去了。走过桥后，架桥人是不能沿着桥返回的，必须走另一条路回去。架桥前要烧纸钱、点香、放鞭炮，并准备粑粑、糖果，给前来观看、凑热闹的人品尝。宁远看八字、问神的活动很活跃，所以这种桥在宁远很常见，特别是在田野中的小沟上。

上世纪八十年代以来，一些较大的河流上的板子桥逐渐被水泥钢筋的拱桥取代。

石板桥 [so^{21}pie^{33}tsʰʅ^{33}]

石板桥就是用石板直接架设成的桥，有的整座桥就只有一块石板，有的需在河中设桥墩，整座桥由几块石板连接组成。大型的石板桥一般是集体出资架设。有的桥是私人架设，只有一两尺，常见于田间的小沟上，不过宁远并不把这种石板称为桥，只称为石板。宁远雨天多，很容易涨水，比起木板桥来，石板桥重，不容易被水冲走，很受村民的喜爱。而且，宁远石山多，石材取材容易，所以在田间，小石板桥随处可见。

图1－92 石板桥（1）

图1－93 石板桥（2）

图1－94 墩牯桥

图1－95 石磙墩牯

墩牯桥 [tuã^{33}kɔ^{33}ts^{h}ʅ^{24}]

墩牯桥是相对于拱桥来说的，有桥墩，但没有桥拱。桥面一般用水泥板做成。

石磙墩牯 [so^{21}kuã^{33}tuã^{35}kɔ^{33}]

即丁步。一些水不深的小溪，为方便行人经过，人们就在水流中间，每隔一步距离放一块较大的石头。

此外，宁远还有一些用棕树架设的独木桥、双木桥。从村中流过的河上，有的还建有风雨桥。

图1－96 棕树桥

图1－97 风雨桥

图1－98 天桥

图1－99 笕

天桥 [tʰã³⁵tsʰʅ³³]

架设在两山坡之间的渡桥，宁远称为天桥。这种桥不多见。

图1－100 水漕（1）

笕 [kie³³]

笕在田间比较常见。宁远最常见的笕是竹制的，有的用一整根竹子，将中间打通，或者将一截竹子从中剖开，架在沟渠上，用以通水。

水漕 [suɛ³³tɕʰie²⁴]

水漕是田间跨越沟道的用于过水的设施。

图1－101 水槽（2）

三　建筑活动

挖脚石 [$ya^{213}tɕie^{213}so^{21}$]

挖脚石就是挖地基。宁远农村新建住宅，没有图纸，也没有特别的设计，因为住宅的式样比较一致。挖脚石前需进行简单测量，并请砌匠拉绳画线。挖脚石要择定良辰吉日。新建比住宅小的建筑，包括烤烟房、杂房等，不需要请砌匠画线。

图1－102 挖脚石

图1－103 下脚（1）

图1－104 下脚（2）

图1－105 装模下脚

图1－106 砌墙根

下脚 [xo^{55}tɕie^{213}]

“下脚”就是用石块填地基。填地基一般用较大的石块一层层地填，石块之间的缝隙用泥浆或者水泥搅拌的沙石填满。水泥钢筋结构的屋子下脚，则是往装好的模板中浇灌水泥、石块，这就是“装模下脚”[tsẽ^{35}mo^{21}xo^{55} tɕie^{213}]。下脚要在良辰吉日进行，一般选择早晨或者上午。住宅、祠堂、礼堂等大型的建筑，在下脚开工之前，都要举行仪式。仪式在施工现场进行，将供品摆好后，杀鸡、放鞭炮等。供品摆放的具体位置和朝向，比较随意。住宅下脚还要宴请亲朋好友，餐前要敬供祖先，这种敬供一般在现有住宅的大门口或者神堂里进行。

砌墙根 [tsʰɿ^{55}tɕʰiẽ^{24}kã^{55}]

宁远农村没有太高的建筑，砌墙时，只需用砖和木板搭成简单的脚手架，供砌匠站立和放砖、泥桶等。砌墙的工具也极为简单，就是泥刀、泥桶、坠子、水平尺等。上世纪多数房屋用泥砖砌墙。在砌泥墙前，要用石头砌一米左右高的“砂墙”[so^{35}tɕiẽ^{33}]，砌墙的粘合物是沙土和石灰搅拌而成的“□泥巴巴”[tsɿ^{33}li^{24}pa^{33}pa^{33}]。现在用红砖砌墙，不需要“砂墙”。“□泥巴巴”也不是用石灰，而是用水泥和沙石搅拌而成。

上梁 [sẽ⁵⁵liẽ²⁴]

上梁即将“梁树”[liẽ²⁴ɕie²¹]（梁木）安装在堂屋上。上梁是建造住宅、公厅等建筑活动中的一项重要工作。梁，除了在建筑结构中有重要作用外，还有很重要的民俗意义，所以在建筑活动中，上梁最讲究，场面最隆重。事先要选定吉日，下发请柬，通知亲朋好友届时到场庆贺。上梁的仪式由木匠和砌匠主持。木匠将梁木做好，放在新屋的大门前。梁木架在两条长凳子上，两边用绳子系好，绳子的另一端由墙上的两个年轻人拿着。时刻一到，木匠即杀公鸡，将公鸡的血淋在梁木上。梁木上的鸡血构成两条龙的形状。木匠同时还口中念念有词，大意是主人家人丁兴旺，后人成才等。念完，即吆喝放鞭炮，升梁。将梁吊到屋上，安装的仪式由砌匠主持。砌匠将梁木放在两墙之间，将公鸡绕梁木三圈，也口中念念有词。之后就将公鸡从梁上抛下。前来观看的人都可以抢抛下的公鸡。公鸡落地被人抢住后，砌匠就带领工人们在墙上往下抛撒糖果、粑粑。糖果和粑粑都是主人事先准备好的。现代的水泥钢筋结构的房子，建造中没有上梁的环节。

封垛 [fiã³⁵tə³³]

即封顶，安装梁木后，继续完成整个砌墙工作。原来的砖瓦结构的房子，上梁和封顶一般同一天进行。

打水泥板 [ta³³suei⁵⁵li²¹pã⁵⁵]

现代的水泥板屋子，不用上梁，封顶就成为建筑习俗中最重要的环节。水泥板屋子的封顶就是“打水泥板”。封顶要选择吉日良辰，亲朋好友都来庆贺。封顶前，水泥板的模子已经装好。封顶这天，主人准备好公鸡、糖果，主砌师傅要在屋顶上祭祀，杀公鸡，鸡血要洒在屋的四角。主人在地上根据师傅的授意烧纸钱、点香并燃放鞭炮。之后，师傅在顶上的四角分别向下面撒糖果。近几年，有的人家打水泥板时还在屋顶上向地面撒红包。仪式完成后，就可以在模子中填放水泥石浆。

上大门 [sẽ⁵⁵tʰo²¹miã³³]

安装堂屋的门。一般要杀公鸡，并用鸡血在两扇门上分别写“人兴”“财旺”。安装大门的木匠主持上大门的仪式。

图1－107 盖瓦

盖瓦 [kə55o55]

盖瓦是建屋子的最后一道程序。盖瓦的工作由砌匠完成。宁远县盖屋顶的材料有多种，除了瓦以外，还有杉树皮、石棉等。盖屋顶既可以用一种材料，也可以混合用，如有的屋子的屋顶一部分用瓦盖，另一部分用杉树皮盖。不论用什么材料，盖屋顶的工作都可统称为“盖瓦”。

人们认为，砌匠拥有一定的法力，如果主人在建筑屋子的过程中冒犯了砌匠，他们就会在盖瓦时暗中做“手脚”（即念咒语，施法力），使主人入住后不顺利，例如，晚上一上床，就会听到屋顶有撒沙子的响声。

进入新世纪后，新建的住宅一般不再盖瓦，都用水泥板做顶，这个活动也就不再称为“盖瓦”，而是被称为“打水泥板”。

贰·日常用具

图2－1 厨房

本章介绍的日常用具主要是在室内使用的器具，包括炊具、卧具、桌椅板凳以及其他用具。过去流传下来的日常用具，比较精致，有较多的修饰。这种精致的用具一般是富裕家庭制作使用，现在多数保存在一些比较大的村子中。上世纪五十年代后制造的用具造型都十分简单，并不追求华美的形式。色彩也极为单调。多数是制作材料的本色，不上油漆。少数刷油漆，色调也十分简单，上世纪八十年代前以深红为主，后来以黄为主，很少在其中加上别的色彩。款式比较单一，虽然是不同人在不同地方生产，但式样大体一致，没有很大的变化。进入新世纪以来，人们又开始追求造型有特色、制作精细的华丽的用具了。

一　炊具

图2－2 撑铛姑姑

撑铛姑姑 [tɕʰie^{35}tɕʰie^{33}kɔ^{35}kɔ^{55}]

“撑铛姑姑”也称“撑铛公公”[tɕʰie^{35}tɕʰie^{33}kã^{35}kã^{55}]，指厨房中用来支撑饭锅和菜锅的设施。“撑铛姑姑”一般用铁制成，从一个铁圆圈上，伸出三条腿来，三条腿插进地下，就成了“撑铛姑姑”。“撑铛姑姑”一般只用来做饭煮菜。上世纪，有些家庭买不起铁制的“撑铛姑姑”，就用三个砖围成一个灶，这种灶如果是用来做饭菜的，也叫“撑铛姑姑”。

“撑铛姑姑”也指灶神。三脚的铁架一旦作为灶来使用就具有了“灶神”的身份，不能亵渎，装、拆都必须烧纸钱，作揖。十二月二十三送灶神以及大年三十晚上接“撑铛姑姑”的仪式也是面对“撑铛姑姑”举行的。一家只装一个“撑铛姑姑”，如果分家，则会在新分出的小家庭中再立一个。

灶 [tɕie^{55}]

一般家庭，在“撑铛姑姑”的旁边有用砖围成的“灶”。“灶”主要用来“煲潲”[pie^{35}sə^{55}]（煮猪食）或者蒸酒等。图 2－3 中，左边的是“撑铛姑姑”，上面放“铛”（炒菜的锅）或者“炆铛”（饭锅子）。右边的是“灶”，上面放“潲炆铛”或者“灶铛“（大的敞口锅）。

宁远还常见到用“鼓桶”[kɔ^{33}tʰiã^{33}]（铁皮围成的油桶）改装成的可移动的灶。这种临时的灶一般放在室外，主要在做红白喜事时使用。

少数家庭，装有双口灶。这种灶一般用来蒸东西。

近年来，宁远又出现了一种所谓的节能灶。这种灶用来烧木材，灶体用铁打制而成，灶身有门，用来送入木材。从灶身伸出三个支架，用于支持灶身。灶底留有进空气的“炉条”，“炉条”既可以挡住木材不至于漏下，又可以让空气从底部进入，使木材燃烧得更旺，同时也可以让灰烬漏下。

炆铛 [vã^{24}tɕ^{h}ie^{55}]

宁远用来煮饭的锅是“炆铛”。炆铛锥形底，中间大，口稍小。为了方便提动，在腰部镶有四个坨，连接四只提耳，这个提耳被称为“炆铛耳夹”[vã^{24}tɕ^{h}ie^{55}le^{55}ka^{33}]。炆铛用来烧水和煮饭，但不能用来炒菜。现在有了高压锅，已经很少人用这种炆铛煮饭，但还有些人用它烧水。

还有大型的炆铛，一般用来熬猪潲，所以也称“潲炆铛”。潲炆铛见图 2–3（右边灶上放的就是潲炆铛）。

村中有红白喜事，如果全家都去吃酒，家中不用做饭，炆铛就空闲，一般称为“挂炆铛”。

图2－3 灶（1）

图2－4 灶（2）

图2－5 鼓桶

图2－6 双口灶

图2－7 节能灶

图2－8 炆铛

锑锅 [tʰi³³ko³³]

在上世纪八九十年代，还使用锑制的锅子煮饭烧水，这种锅子称“锑锅”（来自官话的借词）。现在多数人用铝锅烧水，铝锅形状与锑锅一样，也称“锑锅”。

图2－9 锑锅（1）

蒸锅 [tsə̃³³ko³³]

蒸锅是铝制的中间可以放置隔板的锅子，新世纪才开始逐渐进入农村家庭，主要用来烧水、蒸粑粑或者红薯。“蒸锅”是来自官话的借词。

图2－10 锑锅（2）

饭架子 [ma²⁴ko⁵⁵lə²¹]

饭架子是放炆铛的木架子。炆铛底部是尖的，放在地上不稳，需要用专门的“饭架子”来放“炆铛”。随着“炆铛”的退出，饭架子已经很少见到了。现在的高压锅，直接放在地上，或者在地上垫上一块木板，以免刚煮熟饭的热的高压锅把地板砖烫坏。

铛 [tɕʰie³⁵]

“铛”是炒菜用的锅。敞口，一般有两个“耳夹”。有的铛有提手。提手用铁丝弯成弧形，两边分别连在铛的两个“耳”上，方便把铛提起来。

铛盖 [tɕʰie³⁵kə⁵⁵]

与“炆铛盖盖”（盖子）为铁制不同，“铛盖”一般都是木制的。

图2－11 饭架子

图2－12 铛

图2－13 铛盖

图2－14 灶铛

图2－15 甑

灶铛 [tɕie^{55}tɕʰie^{55}]

“灶铛”比“铛”大，且没有用来端的耳。灶铛用来煮猪潲，放在灶上，一般很少移动，所以不需要耳。办大宴时煮饭、煮菜和蒸酒也用灶铛。

甑 [tɕiã^{55}]

家中的“甑”主要用于蒸糯米。甑用木板制成，上大下小，底部有孔，上面有两个“耳夹”，方便手端。蒸食物时，将甑放在灶铛中，用布或者棕丝做的“甑帕”[tɕiã^{55}pʰo^{55}]垫在底部，甑上还用帕子和“甑盖盖”盖上。另外还有方形木制和圆形铝制的甑，一般是集体（如学校）食堂使用。

并不是每个家庭都备置甑。

图2－16 甑帕

图2－17 正在蒸糯米的甑

香锹 [ɕiẽ^{35}tsʰɿ^{55}]

铁质的铲上套着木制的柄，就成为香锹。也有人用废弃的锅铲作为香锹，这种香锹就不需要再套木柄。香锹用来锹“火烬”[fu^{33}tsã^{55}]（灶中烧红且未完全燃烧的木炭），或者将灶中心的灰烬铲到灶的边缘，使柴火燃烧得更旺，或者将“火烬”铲到“火桶”中用来烤火。香锹烧红了可以用来烙去猪皮上没有刮净的猪毛。

图2－18 香锹

铁夹 [t^{h}i^{213}ka^{33}]

铁夹主要用于夹煤和炭，有时也用于烙猪皮上的毛。从上世纪八九十年代起，人们开始大量用煤，铁夹逐渐多起来，几乎每家都有铁夹。

图2－19 铁夹

拔火棍 [k^{h}o^{24}fu^{21}kuã^{33}]

“拔火棍”就是拔火棍，选择一根大小长短合适的棍子，用于拨火，就成为“拔火棍”。上世纪多数人家做饭煲猪潲都用柴，烧煤的比较少。且由于砍柴的人多，“好柴”（树木劈成柴）少，多数人家烧的是“茅柴”[mie^{24}ts^{h}ɿ^{33}]（主要是蕨类植物）。这种柴需要用“拔火棍”送进灶中，且不断地拨火。所以上世纪“拔火棍”很常见。现在烧煤的多，很多农村孩子不知道“拔火棍”是什么了。

吹火筒 [ts^{h}uɛ^{35}fu^{33}t^{h}iã^{33}]

吹火筒也是烧柴时代的工具。截取一米左右的木棍，木棍粗细以手刚能全部握住为合适，用烧红的铁丝将木棍的中心烙通，即成为吹火筒。当灶里的火不够旺，特别是没有火苗但有火烬时，将吹火筒的一端伸向灶心，嘴对着另一端吹气，火就生起来或者旺起来了。现在的农村已经很少使用吹火筒了。

水桶 [suɛ^{33}t^{h}iã^{33}]

原来的水桶都为木制。桶身的四周有铁箍，有的水桶还上了油漆。桶上有耳，可以拴上绳子。水桶有大有小，小的水桶，一般称为提桶。木桶要用水养着，否则很容易干裂漏水。进入新世纪，木桶逐渐被铁皮的“锑桶”取代，很难见到了。

图2－20 吹火筒

图2－21 水桶

图2－22 提桶

图2-23 锑桶

潲桶 [sə^{55}tʰiã^{33}]

“潲桶”用于装洗锅水、菜叶、“淘米水”[tɕʰia^{213}mi^{55}suɛ^{33}]等。用旧了的木水桶、塑料桶、瓷缸都可以作为潲桶。潲桶一般放在大门的一侧或者在天井一角。潲桶中的水称“潲水”[sə^{55}suɛ^{33}]，主要用来“煲潲”[pie^{35}sə^{55}]（煮猪食）。

过去宁远农村几乎每家都要养猪，大多数农户靠卖猪的收入来买油盐，特别是上世纪六七十年代，孩子上学的学费也主要靠养猪获得，所以“潲桶”是家家户户必备的用具。现在养猪的农户少了，而且许多农户接了自来水，或者门前装有摇水机，洗菜、淘米的水一般不需要储集，所以潲桶也就越来越少了。

箪子 [tiã^{35}lə^{33}]

“箪子”是舀水用的勺子，一般用竹筒做成。选择直径五到八厘米的竹子，锯下一节，外侧凿一槽，装上“箪子把牯”[tiã^{35}lə^{33}po^{55}kɔ^{33}]（箪子柄，也用竹片制成），再修一修箪口外沿，就成了箪子。这种箪子现在已经不用，多数人都使用铝的或者塑料的箪子。

图2-24 箪子（1）

图2-25 箪子（2）

瓢瓜 [piɔ^{21}kua^{33}]

“瓢瓜”就是瓜瓢，是盛水和取米、取糠的用具。瓜瓢都是半球形，有柄。上世纪瓜瓢木制的为多，现在金属瓜瓢越来越多。

图2-26 瓢瓜（1）

图2-27 瓢瓜（2）

图2－28 捞子（1）

图2－29 捞子（2）

捞子 [lɔ^{24}tsɿ^{55}]

捞子就是笊篱，用铁丝织成。平日很少用，“泡豆腐”时用来捞豆腐。近年来出现了一种用铝制成的捞子，主要用来捞粉、饺子等。

胡椒碓子 [xɔ^{24}tsɿ^{55}ŋa^{213}lə^{33}]

胡椒臼，木制，主要用于捣胡椒等；也有铁制的，柄比较长，柄与臼身分开，除了捣胡椒外，也舂少量的馅心。

图2－30 胡椒碓子（1）

□柜 [tɕ^{h}ie^{21}k^{h}uɛ^{21}]

橱柜，立式。宁远的橱柜是个分区的多功能柜子。下部是个架子，柜腿长约一米，台面上可以放碗盆、砧板、刀等；上层箱式，比下面部分小，一般分三格，用于放碗筷以及油盐等佐料。橱柜的侧面还可以挂筷筒，插刀等。宁远的风俗，橱柜上不能放药。

图2－31 胡椒碓子（2）

图2－32 □柜[tɕʰie²¹kʰuɛ²¹]

图2－33 箸筒牯

箸筒牯 [tsʰɔ^{21}tʰiã^{24}kɔ^{33}]

筷筒，挂在橱柜的侧面，有竹、陶瓷、塑料多种材质的筷筒，以竹制的最为常见。

打饭箸 [ta^{33}mẽ^{33}tsʰɔ^{21}]

打饭箸是熬粥时用来搅拌的长筷子。打饭筷长约两尺，成双使用，用绳子将两根长筷子连接起来，不用时挂在橱柜侧面。

改革开放前，很少有人用高压锅，煮饭和熬粥也用炊铛，炊铛煮饭，饭烧开后，要用长筷子搅动锅中的米，并将锅底的米搅拌到上层来，将上层的米搅拌到锅底。待水快干，米已经半熟时，还要用长筷子在饭上插几个孔，将锅子放在灶边上，用煮菜时的文火或者火烬继续加热。如果不用长筷子搅拌和插孔，炊铛里的饭很难煮熟。炊铛熬粥，要用筷子不断地搅动，避免粥溢出或者烧糊。“熬粥没有巧，只有搅得好”，搅粥也得用长筷子。

[mẽ^{33}] 应该是“饭”的音变。

鸡公壶子 [tsɿ^{35}kã^{55}xɔ^{24}lə^{33}]

鸡公壶子是盛酒的器具，瓷制品，因形状像鸡公而得名。鸡公壶可以装五到六公斤酒。现在已经很少见到了。

图2－34 打饭箸

图2－35 鸡公壶子

图2－36 瓶子

瓶子 [pʰio^{24}lə^{33}]

瓶子是用来热酒的器具。形状与鸡公壶相似，但没有鸡公壶大。瓶子也可以用来熬药、熬汤等。

碗 [yẽ^{33}]

碗分饭碗、菜碗和海碗。海碗最大，用于盛汤；菜碗其次，用于盛菜；饭碗最小。有的家庭还备有木碗、铁碗或者塑料碗，供拿碗不稳的小孩吃饭用。上世纪，一只碗要用多年，有缺口的还要继续用。村里人做红白喜事，常常要来借用碗筷。为了识别自己家里的碗，人们就在碗底刻上记号。现在，还有些家庭舍不得扔缺了边的碗，但已经没有人在碗底刻记号了。

瓯子 [əu^{35}lə^{33}]

瓯子主要用于喝酒。有不同大小的瓯子，上世纪六七十年代，喝酒用一两左右的较大的瓯子。八九十年代，用半两的瓯子。新世纪以来，农村开始用一次性杯子喝酒。

图2－37 碗

图2－38 瓯子

图2－39 砧板

图2－40 碗盆

砧板 [tsã^{35}pie^{33}]

家用砧板一般用整块枞树（横切面）做成，大小不一，厚三十到五十厘米，外缘不作修整。砧板一般放在橱柜上。

碗盆 [yẽ^{33}p^{h}iã^{33}]

碗盆用来洗碗，以及装待洗的碗，多为木制。从上世纪八九十年代起，开始流行塑料制的或者铝制的碗盆。碗盆一般放在橱柜的座子上。

图2－41 案板

案板 [$\tilde{a}^{24}p\tilde{a}^{55}$]

案板主要见于肉铺，是卖猪肉的人用的砧板。也是用整块的枞树（纵切）制成，长方形，板面比家用砧板厚。“案板”是来自官话的借词。

二 卧具

床 [$ts^h\tilde{e}^{24}$]

宁远的床有很多种，包括大床、高低床、老辈床等，这些床都是双人床。老辈床流行于上世纪六七十年代，大床在七八十年代开始出现，这两种床都比较高，床下的空间可以放坛子等，有的人还在床腿的辋子上加一块板子，用来放鞋子等。九十年代开始流行高低床，新世纪以来，新添置的床主要是从商场购买的可以放席梦思的床，这两种床比较矮，床下空间小。有些家庭没有大床，就用几块板子铺在两条长凳上做成简易的床。

大床 [$t^ho^{21}ts\tilde{e}^{33}$]

大床是上世纪七八十年代最常见的床，现在也还有很多农村家庭添置。大床除了床身，还有简单的架子。床架子上可以挂蚊帐钩。床顶上可以放两根棍子，用来挂蚊帐。现在新制作的大床更为简单，只在床的两头安装简单的架子，用来挂蚊帐。过去农村多数人的床上铺稻草，枕头也用稻草捆扎而成。现在一般铺垫被，不再用稻草。枕头则从商场买来。

宁远的床一般不面对柜子，特别是带小孩睡觉的床。

图2－42 大床（1）

图2－43 大床（2）

图2－44 老辈床

老辈床 [lie^{55}pə^{21}ts^{h}ẽ^{24}]

老辈床是旧式床，造型比较讲究，床架子上有许多雕饰。这种床在上世纪五六十年代比较常见，特别是一些大家庭中。七八十年代以后，很少制作这种式样的床。现在更加少见了。

图2－45 高低床

图2－46 竹子床

高低床 [kɔ^{33}ti^{33}tsʰẽ^{24}]

高低床一般是双人床，因为床头一边高一边低得名，这种床流行于上世纪七八十年代。“高低床”前两个音节为官话音。

竹子床 [tsəu^{213}tə^{33}tsʰẽ^{24}]

竹制凉床，上世纪八九十年代开始在农村流行。一般用于夏天乘凉。这种床轻，容易搬动。中午，放在阴凉的树荫下，或者晚饭后放在屋前的坪子上，下面用两条长凳子支撑。一张竹子床可以供一到二人躺着乘凉。这种床不用时可以竖着收藏，占用的空间不大，很受当地人喜爱。

□子 [tʰəu^{55}lə^{21}]

“□子”是用箩筐做成的“摇篮”。箩筐外层铺有稻草，里层放毛毯、棉衣或其他衣物。将“□子”放在身边，让婴儿躺在其中，人们一边做活，一边用手或者脚摇动“□子”。现在一般家庭有人专门照看小孩，商场有多种式样的摇篮出售，已经不需要“扎”（制作）“□子”了。

簟子 [tʰã^{55}lə^{21}]

簟子就是竹篾编织成的席子。上世纪多数人家没有床单，也没有垫被，床上只铺稻草，稻草上铺簟子。现在一般家庭铺垫被，垫被上面盖床单或者毯子，簟子只在夏天使用。

九十年代开始出现用一根一根的竹子连成的席子，随后出现用竹片连缀而成的席子，竹片大小如麻将，所以这种席子被称为“麻将席”。

图2－47 簟子

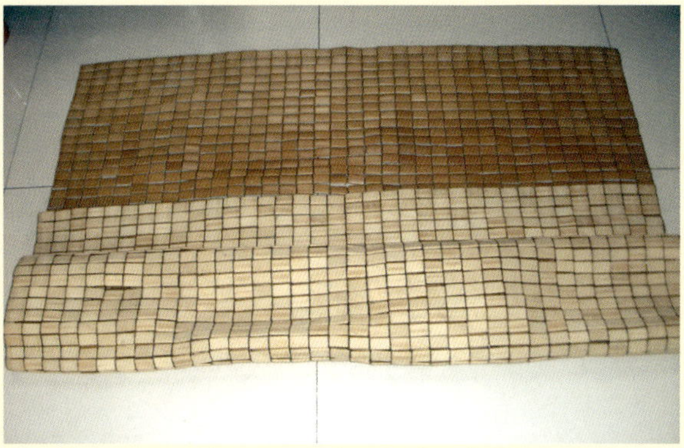

图2－48 麻将席

席子 [tɕʰio²¹tə²¹]

芦苇编织成，横纹。席子比簟子轻软，夏天和冬天都可以用。冬天睡在席子上比簟子暖和。但是席子不如簟子耐用，所以一般家庭更多地选择簟子。农村经济条件改善以后，冬天铺床单，夏天铺簟子，这种软席子开始退出使用。

头□ [tʰəu²¹kʰua²¹]

“头□”就是枕头。上世纪八十年代之前，多数人家的枕头用稻草捆扎而成，放在簟子之下。也有一些人家用布缝制枕头，枕头填充瘪谷、荞麦壳或者高粱壳等。现在的枕头都从商场买来，放在簟子或者床单之上。宁远忌讳坐在枕头上。

图2－49 席子

三　桌椅板凳

枱子 [$t^{h}ia^{24}lə^{33}$]

枱子就是桌子，包括餐桌、课桌等。上世纪八九十年代传承下来的餐桌，有圆桌和方桌两种，结构都比较简单。方桌先出现，四条桌腿，相连的腿用辋连接。圆桌一般都是折叠式，桌腿是铁制的。旧式的枱子还有八仙桌，现在已经不用。

圝枱子 [$lyẽ^{24}t^{h}ia^{24}lə^{33}$]

圆桌。有两种，一种是独立的圆桌板面。这种圆桌比较大，不用时立起来收藏，客人较多时，将圆桌放在一般的四方桌上，可以供更多的人用餐。另一种是桌面和桌腿连在一起的圆桌，这种圆桌多数是折叠式的，不用时可以折起来，占用的空间很小。

图2－50 枱子

图2－51 八仙桌

图2－52 圝枱子

四方桌子 [sɛ^{55}fẽ^{55}t^{h}ia^{24}lə^{33}]

图2－53 四方桌子

方桌，是最常用的桌子。方桌式样比较多，上世纪最流行的是有辋子的桌子。现在有的方桌没有辋子，只在桌面之下，桌腿之间用一块木板连着，以增加桌子的稳定性。方桌一般摆放在客厅的固定位置，四周配有长条凳。方桌有多种功能，既可以做餐桌，也可以用于喝茶、打牌。过去吃饭和喝茶时，一般女性和小孩“勿上桌子”（不能占用桌子周围的座位吃饭）。女性和小孩要么坐在另一张桌子上吃饭，要么坐在矮凳子上吃饭。现在只要位置足够，女性和小孩也可以“上桌子”。

现在有的家庭中还备有两用的桌子。平时盖上面板，可以用作餐桌；取下面板，就是麻将桌。这种桌子四面还各有一个小抽屉。

桌子上是不能坐的。上世纪，大人经常教育小孩说，坐了桌子的人，就会慢慢变得消瘦。

书桌 [ɕie^{35}t^{h}ia^{24}]

旧式的书桌，桌面之下有隔板，用来放书笔等，如同现在教室用的课桌。这种书桌保留在一些大户人家中，现在极为少见，而且已经废弃不用。上世纪七八十年代流行的书桌，书桌两边各有两三个抽屉，或者一边是抽屉，一边是箱子。这种书桌一般放在卧室里，实际上不一定用来读书写字，多数都用于收纳和摆放物品。七八十年代，书桌是结婚前女方要求男方添置的家具之一。

图2－54 旧式书桌

图2－55 老式茶几（1）

图2－56 老式茶几（2）

茶几 [ʦ^{h}a^{21}ʦɿ^{55}]

过去的茶几多数是木制的。现在的茶几都是家具厂制作的，面板可用木、玻璃或者大理石等不同材料做成。玻璃面的一般与布艺沙发相匹配，木制的茶几与木沙发相匹配。“茶几”是来自官话的借词。

凳 [tiã^{55}]

椅子、凳甚至躺椅在宁远都可以称为凳。

图2－57 红木茶几

藤椅 [t^{h}ẽ^{21}ɿ^{55}]

用藤编织而成的椅子，有多种式样。单人藤椅形状像太师椅，靠背半圆形。现在编织的藤椅，有的靠背为方形。“藤椅”借用官话词。

图2－58 藤椅

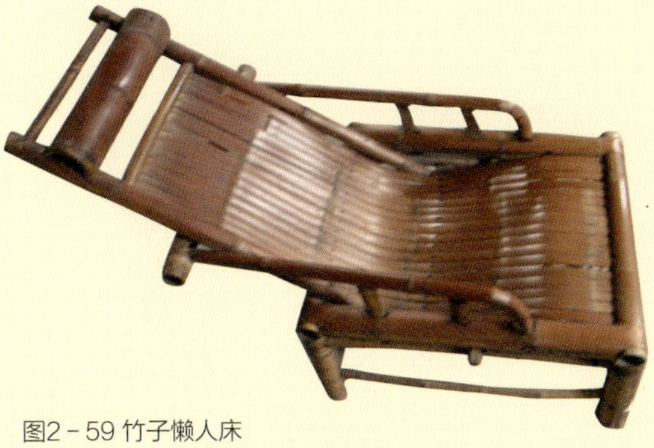

图2－59 竹子懒人床

图2－60 □□懒人床[mɔ^{21}mɔ^{21}lã^{55}zẽ^{21}ts^{h}uã^{24}]

懒人床 [lã^{55}zẽ^{21}ts^{h}uã^{24}]

有“竹子懒人床”和“□□懒人床”[mɔ^{21}mɔ^{21}lã^{55}zẽ^{21}ts^{h}uã^{24}]两种。“□□懒人床”架子用木头做成，用来躺的部分是一块布。这种懒人床比较软，适合冬天躺着休息。懒人床一般放在堂屋里，夏天则搬到门前的坪子上。懒人床供年纪大的人坐或者躺，并不是每家都有懒人床。“懒人床”[lã^{55}zẽ^{21}ts^{h}uã^{24}]是来自官话的借词。

太师椅 [t^{h}ɛ^{24}sɿ^{33}ɿ^{55}]

太师椅一般放在堂屋中，供辈分高、年纪大的人坐。这种椅子多数是从过去留传下来的，现在已经很少见。“太师椅”是来自官话的借词。

图 2-61 太师椅

折叠椅 [tsə^{21}tie^{21}ɿ^{55}]

“折叠椅”是官话的借词。

竹子凳 [tsəu^{213}tə^{33}tiã^{55}]

竹子凳有两种，一种没有靠背，一种有靠背，有靠背的较为常见。有靠背的竹凳子，一般比折叠椅矮，搬动比较方便。老年人常常自带靠背椅子，三三两两地聚在屋前屋后，一边摘菜或者做别的事，一边聊天。

图2－62 折叠椅

图2－63 竹子凳

图2－64 长凳板

长凳板 [ts^{h}ẽ^{24}tiã^{55}pie^{33}]

供双人坐的长条凳。长条凳一般用杉木做成，是一般家庭的必备凳子。长条凳配合四方餐桌使用。上世纪的课桌也用这种长凳。两人坐在同一条凳子上，为了让对方宽松些，都尽量往边上坐。当一人起身时，就可能会导致另一人重心不稳而摔倒，所以，坐长条凳起码的礼貌就是起身前要提醒另一人“好点坐起”（坐稳了）。

独凳 [t^{h}ɔ^{21}tiã^{55}]

供单人坐的方凳，比长凳板略高，凳子的面比长凳板要宽。这种凳子也常常用于摆放物品（蒸酒时，可以将竖缸放在独凳上）。现在已不制作这种凳子。

凳崽崽 [tiã^{55}tsə^{33}tsə^{33}]

矮凳子，高度约为长凳子的一半，单人坐。烧火或者摘菜时坐这种凳子，很舒服。人们也将小凳子带在身边，看牛、放鸭时放在地上，坐着休息或者聊天。

图2－65 独凳

墩牯 [tuã^{33}kɔ^{33}]

用一截木头做成的坐具。

图2－66 凳崽崽

图2－67 墩牯

图2－68 草蒲子

草蒲子 [tɕ^{h}ie^{33}p^{h}u^{21}lə^{33}]

“草蒲子”就是蒲团，用稻草编织成，可大可小。冬天放在凳子上，以免坐上去感到冷。

椅榔凳 [ɿ^{55}lã^{21}tiã^{55}]

椅榔凳是竹制的小孩坐椅，可以固定小孩的身体。椅子前面可以放玩具。将小孩固定在椅榔凳中，就可以一边做事一边照看，不用担心小孩摔倒。小孩一般不喜欢这种椅子，放进椅子中都会哭一阵了。

图2－69 椅榔凳

四　其他用具

面盆 [mã^{21}p^{h}iã^{33}]

“面盆”就是洗脸盆，也称“洗面盆”[sɿ^{33}mã^{21}p^{h}iã^{33}]。上世纪面盆多为铁制，外面有釉面漆，现在人们多用锑制面盆和塑料面盆。

洗面架子 [sɿ^{33}mã^{21}ko^{55}lə^{21}]

即洗脸架子，与人一般高，从上到下分别是晾毛巾横杆，放香皂隔板，放脸盆的架子。近年来洗面架子很少用了。

图2－70 面盆（1）

图2－71 面盆（2）

图2－72 洗面架子

图2-73 脚盆（1）

图2-74 脚盆（2）

脚盆 [tɕie^{213}pʰiã^{33}]

脚盆就是澡盆。主要用于洗澡、洗脚、洗衣服等。上世纪，脚盆一般放在堂屋中，除了用来浸泡衣服（原来洗衣服前，要将衣服放在洗衣粉水中浸泡一段时间）、洗衣服，也用于洗红薯或者别的东西。冬天不一定每天洗澡，但晚上睡觉前，一般都要洗脚。一家人同在一个脚盆里洗脚，可以节约热水。脚盆木制的较多，外沿用铁丝或者专门的"箍子"箍起来。制作脚盆称"打脚盆"。现在铝制的、塑料的脚盆逐渐多起来了。直至现在，农村的脚盆还没有分开使用，即洗衣、洗脚、洗红薯等共用一个脚盆。

尿桶 [liɔ^{35}tʰiã^{33}]

图2-75 尿桶

尿桶是农村常用的浇菜工具。尿桶除了装运粪便浇菜，也储小便、洗澡水，用来浇菜。夏天和秋天，也用尿桶在沟、池中挑水浇菜。尿桶原来是木制的，有竹制的提耳，现在多数用塑料制成。直到现在，农村还有人将尿桶放在卧室中，方便晚上小便。

扫把 [ɕie^{55}po^{33}]

即扫帚。新的扫把，既可以用来扫地，也可以扫灶台等。宁远的扫帚多种多样，有用高粱穗扎成的"高粱扫把"[kiẽ^{35}liẽ^{55}ɕie^{55}po^{33}]、用棕丝编织而成的"棕扫把"[tɕiã^{35}ɕie^{55}po^{33}]、用"铁扫把树"（一种一年生的草本植物）扎成的"铁扫把"[tʰi^{213}ɕie^{55}po^{33}]，等等，其中高粱扫把最常见，每家都有。棕一般用于做棕绳，很少做扫把。进入新世纪后，棕绳有了较多的替代品，棕才被用来做扫把。棕扫把最初是供应给学校，后来村民也开始使用棕扫把。

图2－76 高粱扫把

图2－77 棕扫把

图2－78 铁扫把

扫杂 [ɕie⁵⁵tsʰa²¹]

扫杂是用竹枝扎成的扫帚，所以又称“竹子扫把”[tsəu²¹³tə³³ ɕie⁵⁵po³³]，这种扫把比较硬，主要用来收集晒在坪子上的谷子、豆子等，或者扫较粗的垃圾。

撮箕 [tsʰə²¹³tsɿ³³]

用来撮垃圾，一般是木制，现在也有铁皮制成的。有的家庭没有撮箕，就用筲箕撮垃圾。用于收集稻谷等的撮斗也称为撮箕（见农工百艺部分）。

图2－79 扫杂

图2－80 撮箕

图2－81 杉篙

杉篙 [so³⁵kie⁵⁵]

晾衣服的杆子，放在屋檐下，用两根树杈支撑着，或者用绳子吊着。衣服可以直接晾在杆子上，也可以用衣架撑好挂在杆子上。用来做杉篙的一般是细长的杉树或者竹子。

油盏 [iəu²⁴tɕie⁵⁵]

即油灯。上世纪八十年代开始逐渐退出使用。

马灯 [mo⁵⁵tiã⁵⁵]

可以防风的、有提手的油灯。现在已经不用。

图2－82 油盏

图2－83 马灯

图2－84 炭盆

图2－85 火桶（1）

图2－86 火桶（2）

炭盆 [t^{h}ie^{55}p^{h}iã^{33}]

架在炭盆架子上的烤火器具，样子像锅，比锅厚。不用时，将炭盆收起来。到了冬天，炭盆放在堂屋中，有时放在餐桌下面。除了将买来的真正的木炭放在炭盆中燃烧供暖外，多数人家会将炭和自己灶中的“火烬”（已经燃烧成红色的炭）一起放在炭盆里取暖。上世纪，条件好的家庭才用炭盆烤火，普通家庭在冬天烧柴取暖。现在多数家庭都有炭盆，只是不同条件的家庭使用的时间长短不同。少数家庭添置了电烤火炉。

火桶 [fu^{33}t^{h}iã^{55}]

手提的烤火用具。旧式火桶为木制，里面有内胆装炭；后来的火桶用铁皮制成，外镶竹制的提手。火桶一般是老人和小孩用。

扇子 [sã^{55}tə^{21}]

有多种，如蒲扇、嫩棕叶编织的扇子，以蒲扇最为常见。宁远的夏天和秋天，不但气温高，而且蚊子多。扇子作为扇风和驱赶蚊子的工具，一般每人备有一把。

图2－87 扇子（1）

图2－88 扇子（2）

图2－89 扇子（3）

坛子 [$k^{h}ə^{213}lə^{33}$]

宁远的坛子主要用于腌菜，一般放在堂屋的角落，少数家庭也把坛子放在床下面。上世纪，腌菜是一般家庭的主菜，有的家庭连续几天不煮菜，靠腌菜下饭。一般一个坛子腌一样菜，所以，有的家庭甚至备有十来个大小不等的坛子。

缸瓮 [$kiẽ^{35}mẽ^{55}$]

“缸瓮”就是缸，主要用来装水、装酒、装米。装酒的是收口的缸，用软布、纸等将口包严实，并压上重物，以免酒挥发。装米和水的缸则是敞口的，用木盖子盖住。

图2－90 坛子

图2－91 缸瓮（1）

图2－92 缸瓮（2）

板箱 [pie^{33}ɕiẽ^{55}]

“板箱”是用木板制作的箱子。板箱流行于上世纪五六十年代，一般放在卧室中，主要用来装衣物等。板箱一般是嫁妆。送新娘时，箱子中装有蛋壳被染红的熟鸡蛋，鸡蛋用来送挑夫等人（那时鸡蛋是很好的礼物）。箱子有锁，钥匙由新娘的兄弟保管，待到达新郎家，再把钥匙交给新娘保管。七八十年代后被皮箱所取代，现在已经不用。

图2－93 板箱

皮箱 [p^{h}a^{24}ɕiẽ^{55}]

“皮箱”不同于现在商场里出售的皮制行李箱。皮箱由板箱发展而来，比板箱略小，外面包有一层有彩色花纹的布或者皮，比板箱高档，主要用于装衣物。皮箱流行于上世纪七八十年代，也常常作为嫁妆送给出嫁的女儿。现在已经不用。

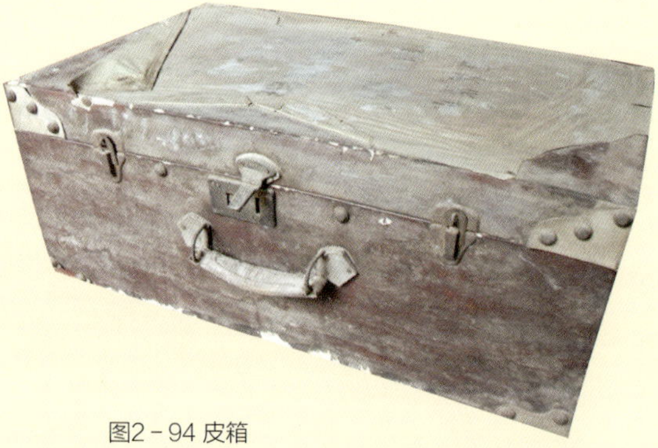

图2－94 皮箱

□箱 [ɔ^{33}ɕiẽ^{55}]

较大的方方正正的箱子，用来装运和存放衣物，选用较轻的木板制成。箱子底座上有穿绳子的孔，套上绳子可以抬或者挑，所以称“□箱”（挑箱），一般成对。上世纪住校学生用得比较多，现在很少见。

图2－95 □箱[ɔ^{33}ɕiẽ^{55}]

老辈柜 [lie^{55}pə^{21}k^{h}uɛ^{21}]

木制立柜，流行于上世纪六七十年代。一般用来放衣物。现在都用大衣柜等现代的家具，这种“老辈柜”虽然还保存在一些家庭中，但已经废弃不用，或者只是用于放些杂物。

图2－96 老辈柜（1）

图2－97 老辈柜（2）

图2－98 □柜[kʰã^{55}kʰuɛ^{21}]

图2－99 板仓

□柜 [kʰã^{55}kʰuɛ^{21}]

木制卧柜，从上面打开。多用于存放粮食。在上世纪六七十年代很常见，现在粮食都存放在仓里，这种柜子就很少用了。

板仓 [pie^{33}tsʰẽ^{55}]

板仓比一般的仓要小，前面有一块块可以取下的板子。为了识别板子的拼排顺序，一般在板子上标有数字。板仓一般放在屋子里，用来装谷物、果品等。

篮子 [liã^{55}tə^{21}]

有竹子编织的、打包带编织的篮子。竹子编织的一般比较稀疏，可以装菜、猪草等。打包带编织的一般比较密，主要用来装菜。上世纪九十年代以前，赶集、走亲戚都提篮子。参加红白喜事，以家庭为单位，每家提一个篮子（装礼品）。办红白喜事，统计来客，就以“篮子”数为准，一个“篮子”代表一户客人。主人一般回馈礼物，不能让客人“打空篮子”（空手）回去。回馈的礼物（主要是猪肉），称为“篮子菜”。

花篮子 [xo^{35}liã^{55}tə^{21}]

篾比较细密的篮子。这种篮子主要用于买菜。现在市场上买菜的，都备有食品袋，不需要带花篮子，花篮子也就很少见了。

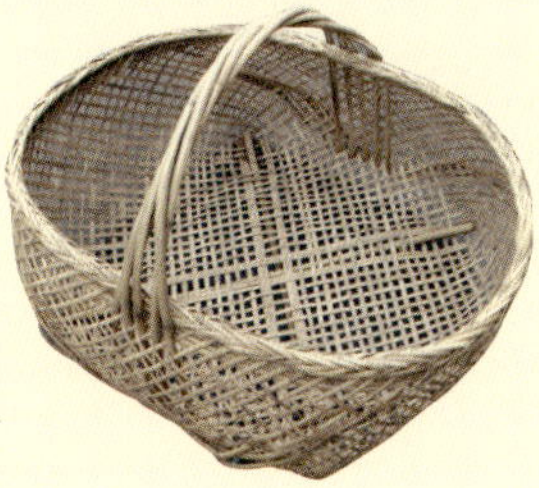

图2－100 篮子

图2－101 花篮子

图2－102驮篮

图2－103 潲盆（1）

图2－104 潲盆（2）

驮篮 [tia^{21}lã^{21}]

用打包带编织而成的篮子。“驮篮”是来自官话的借词，也有人称为“夹篮”。

潲盆 [sə^{55}p^{h}iã^{33}]

比脚盆小，用来装潲喂猪，有的有提手。潲盆有木制的和塑料制的两种，现在多用塑料潲盆。潲盆在农村很常见。

猪崽崽潲盆 [tɕie^{35}tsə^{33}tsə^{33}sə^{55}p^{h}iã^{33}]

可以供多头小猪吃潲的狭长木槽。

图2－105 猪崽崽潲盆

图2－106 □子[lɔ^{24}tsɿ^{55}]（1）

图2－107 □子[lɔ^{24}tsɿ^{55}]（2）

□子 [lɔ^{24}tsɿ^{55}]

“□子”又称“猫崽笼子”[mɔ^{33}tsɛ^{55}liã^{24}lə^{33}]，是用竹子编织成的用具，主要用来装煮熟的食物，如冻鱼、馅豆腐等。将这种笼子挂在墙上或者从屋顶吊下的绳子上，以防老鼠和猫狗等偷食。有时也用来关小鸡、小鸭子等。

叉子 [tsʰo^{35}lə^{33}]

“叉子”是用竹子编织成的用于盛物的用具。宁远气候比较潮湿，人们常常将一些需要防潮的物品（如茶叶、腊鱼、干豆角、种子等），装在叉子里，挂在灶头。

图2－108 叉子

罩子 [tɕʰiã^{55}lə^{21}]

罩子用于罩菜。夏天，宁远的饭蚊子（苍蝇）很多，热菜刚端上桌，就引来了饭蚊子。一餐吃不完的菜，要留着下一餐吃，就用罩子罩住，以防老鼠和蚊子。罩子有竹篾编织的，也有用塑料制成的，竹制的显得比较高档。

还有一种竹篾织成，用来烘烤小孩衣服的，也称罩子。

图2－109 罩子（1）

图2－110 罩子（2）

背篓 [pei^{33}lo^{21}]

图2－111 背篓

背篓是用竹篾编织成的椭圆形的篓。这种篓只有箩筐一半大小，主要用于装猪草。上世纪，种的菜还不够人吃，所以常常要到地里、田里甚至山上去找猪草。找猪草一般是小孩的活，他们一般用篮子装。有的大人也去找猪草，大人找的多，所以要用背篓装。现在养猪的人家少了，而且市场上有饲料出售，不需要找猪草了，背篓的主要用途就变为装运其他物件，市场上常常看见有人背着背篓购买商品。背篓一般是用单肩挎，所以也称“□篓”[pʰɛ^{55}lo^{21}]。[pei^{33}lo^{21}]和[pʰɛ^{55}lo^{21}]都是官话的语音。

推□ [tʰo^{35}pʰi^{55}]

“推□”，长约二尺，是将红薯、萝卜等推成丝的工具。另一种是木匠使用的刨子，将在农工百艺中介绍。

宁远山地较多，很适合种红薯。“红薯半年粮”，红薯虽然可以保存在窖中，但大量的红薯放在窖中也容易腐烂。将红薯推成丝，晒干后可保存较长的时间。上世纪六七十年代，到了秋天，将红薯推成红薯丝的场面很常见。除了推红薯外，“推□”还可以将萝卜推成萝卜丝。现在虽然推红薯丝的人少了，但是做猪潲用的萝卜丝还需要推盘，所以“推□”还很常见。本世纪还出现了半机械化的“推□”。

图2－112 推□[tʰo^{35}pʰi^{55}]

图2－113 半机械化的推□[tʰo^{35}pʰi^{55}]

潲□ [sə^{55}pʰi^{55}]

“潲□”是熬猪潲时用来搅拌的小木棒。一般家庭一次性熬的潲足够喂猪一天。由于量大，为了防止烧糊，要不时搅动锅中的潲。“潲□”一般放在灶边上。

图2－114 潲□[sə^{55}pʰi^{55}]

搭子 [tia^{213}lə^{33}]

搭子有两种，一种用于烘烤和晾晒食品，一种用于蒸食物。

入冬后，多数人家都会烘烤腊鱼，以备来年春节待客。一般家庭并不制备专门的搭子，而是用围筛、篮子、猫崽笼子等作为搭子来烘烤，或者用竹片制成简易的搭子。有些家庭专门制有烘腊鱼的搭子。在搭子上放一层薄薄的稻草，将小鱼虾或者鱼片、鸡肉块、鸭肉块放在上面，肉的上面有时还用纸等轻轻盖上，搭子下面用瘪谷、茶籽壳、橘子皮等生烟熏烤。冬至以后，几乎家家都会烘烤腊味。

蒸食物的搭子，一般用竹篾编织成，圆形，蒸食物时，上面还放一层用布或者老丝瓜经络做的蒸帕。

猪搭子 [tɕie^{35}tia^{213}lə^{33}]

“猪搭子”用来装运生猪，用竹片和竹篾编织成，一般随猪送给买主。有大小两种，较大的用于装“架子猪”[ko^{55}lə^{21}tɕie^{35}]，较小的装小猪（称“猪崽崽搭子”[tɕie^{35}tsə^{33}tsə^{33}tia^{213}lə^{33}]）。肉猪不用搭子装运，直接赶着走。

图2－115 用于烘烤的搭子

图2－116 蒸食物的搭子

图2－117 猪崽崽搭子

图2－118 猪笼子

图2－119 阶

猪笼子 [tɕie^{35}liã^{24}lə^{33}]

猪笼子是用来装运猪的笼子。一般用竹片编织而成，圆柱形，直径一米左右，高约一米，上面有两个耳。上世纪，到市场上卖小猪一般都用这种笼子装运。现在新出现一种方形木制的猪笼子，也可以装多头小猪。

阶 [kə^{35}]

“阶”就是梯子。一般用杉树做成，七到十五节不等。也有用竹子做成的梯子。

板阶 [pie^{33}kə^{35}]

“板阶”就是板梯，可以建在室内和室外。一般见于老式的屋子。现代屋子的楼梯一般用水泥板做成。

图2－120 建在屋外的板阶

图2－121 建在屋内的板阶

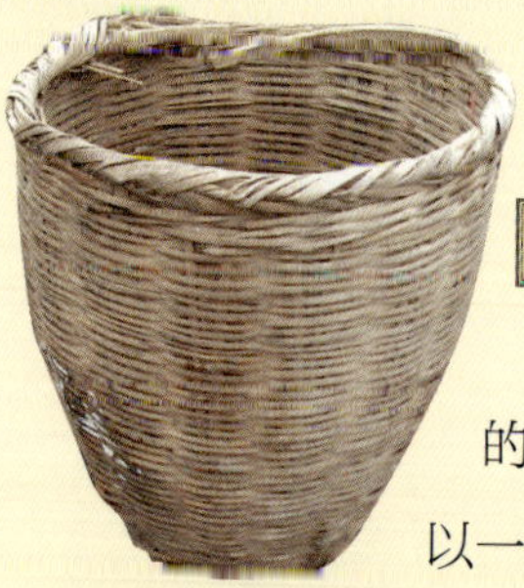

图2－122 酒抽

酒抽 [tɕiəu^{33}tsʰəu^{55}]

“酒抽”是过滤酒的用具，用竹篾编织而成。将酒抽插在水酒的酒糟中，让酒水进入酒抽，酒糟则被挡在外。因为家家都酿酒，所以一般家庭都备有酒抽。

抟箱 [tʰyẽ^{24}ɕiẽ^{55}]

“抟箱”，竹制圆盘形用具，直径六十到八十厘米，可以用来晒萝卜条等食品，也用来临时盛粑粑等食品。做馅心粑粑时，将米粉揉成团，不是在砧板上，而是在抟箱里进行。抟箱常常与簸箕、米筛配合使用。米筛将米中的碎米细糠筛除，从米筛中漏下来的碎米细糠由簸箕接着。经过米筛筛后留下的大米放在抟箱中。再用簸箕将从米筛中漏下的碎米和细糠分离出来（要将碎米和细糠分离出来，是因为细糠用来喂猪，碎米还得留着煮饭吃。现在粮食够吃，碎米和糠就不需要再分离了）。“抟箱”中的“箱”疑为“筛”。

簸箕 [pə^{55}tsɿ^{55}]

“簸箕”比“抟箱”大（图2－124抟箱下面是簸箕），主要用来将瘪谷和糠从米中分离出来。

米筛 [mi^{55}sa^{55}]

米筛是用来将米中的碎米细糠分离出去的竹器。宁远农村一般家庭都备有米筛。

图2－123 抟箱

图2－124 簸箕

图2－125 米筛

图2－126 筒筛

图2－127 筒牯

筒筛 [t^{h}iã^{24}sa^{55}]

“筒筛”直径不足一尺，可以将米粉中的粗粉分离出来。宁远人喜欢做粑粑，筒筛是很常见的一种筛子。

筒牯 [t^{h}iã^{24}kɔ^{33}]

“筒牯”也称“米筒牯”，是量米的量具，用一截竹子做成，一筒米约七两半。有个别筒牯可以装一升米。

磨石 [mo^{21}so^{21}]

“磨石”，就是石磨。做粑粑、做豆腐都需要磨石，所以很多人家都备有磨石。宁远用“磨石心肝”一词，形容丈夫夹在妻子和母亲之间的艰难，这反映磨石的常见。石磨一般请石匠凿成，装在一个架子上。整个架子和石磨都放在堂屋里。现在磨豆子和米粉都用电动机器，磨石就很少用了，不是被放在屋子的角落里，就是被放在门口的屋檐下。

此外，宁远原有水磨，主要用于榨蔗糖。水磨比较大，现在也已经很少见到了。

图2－128 磨石

板车 [pie^{33}ts^{h}o^{55}]

板车有平板式和箱式两种，主要用来运物品。板车是用人力拉的。有的生意人把货物运到市场，货物就在板车上摆开出售，板车兼做货摊。

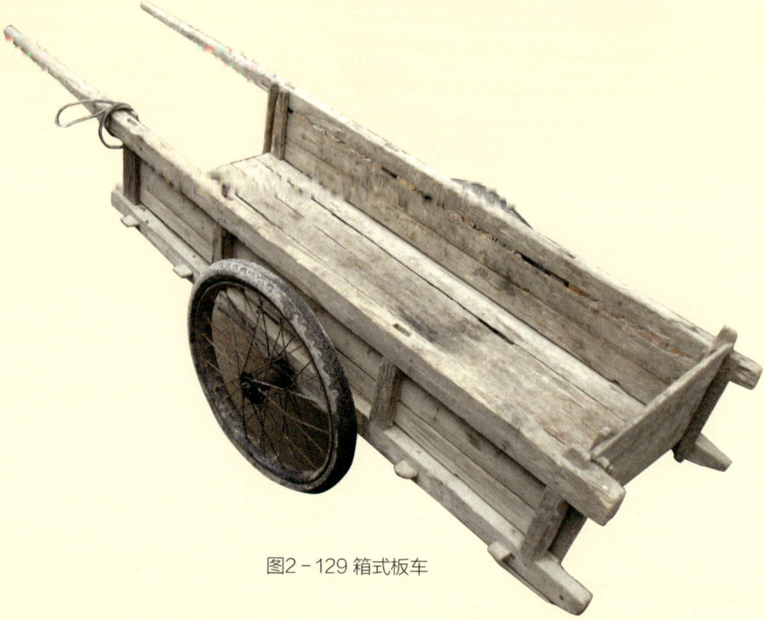

图2－129 箱式板车

图2－130 敞口式板车（1）

图2－131 敞口式板车（2）

汽皮船 [tsʰʅ⁵⁵pʰa³³suã²⁴]

用汽车内胎制成。将报废的汽车内胎补好充气后就可作为小船使用。在其底部粘上一块圆形橡胶以防漏水；其上方绑上一小木板，用来坐人。汽皮船体积小，重量轻，在小河中行动灵活自如，上岸后携带也轻便。在小河中下网捕鱼，多数人就用这种汽皮船。

图2－132 汽皮船

叁·服饰穿戴

图3－1 徕头崽崽

自上世纪八十年代以来，宁远服饰穿戴在材质、色彩、式样等各个方面发生了较大的变化。八十年代以前，服饰穿戴的材质比较粗糙，色彩比较单一，式样比较单调，风格比较保守，做工不够精细。大多数衣服和裤子，包括外套、内衣、短裤等，都是买布交给裁缝店制作的。冬天穿的毛线衣、戴的围巾等，也都是买来毛线自己手工编织。编织毛衣的工作主要由女性承担。那时有钱买毛线编织毛衣的人并不多。直到八十年代，还有不少人穿补丁衣裤。条件好一点的人，衣服裤子上的补丁是用缝纫机缝的；条件不好的人，衣裤上的补丁是自家用针线缝补的。就连袜子，为了耐穿，也在底部缝上一层鞋垫样的袜子底。大家都穿新衣服，肯定是过年了。那时候，也有少数衣服是从商店里买来的，主要是夏天穿的背心、卫生衣裤、棉衣。现在的衣裤，绝大多数是从市场买来的，式样丰富，风格也多种多样。也有少数人买布做衣服，一般是老年人，不容易买到合身的衣服，才买布交给裁缝店制作。现在，很少有人穿补丁衣裤了。

八十年代，帽子多数是从商店买的，少数是农家自己用毛线编织的。不过老人和幼儿的帽子一般都是家人制作的。

八十年代以前，鞋子有买的也有自己做的。那时买的鞋子主要是解放鞋，买皮鞋的人很少。夏天，男性一般打赤脚，女性一般穿凉鞋。那时候的拖鞋，主要是橡胶制作的，室内室外，晴天和雨天都可以穿。冬天常下雨，很多人穿胶鞋，有高筒的、低筒的、无筒的。胶鞋很冷，而且没有鞋垫，就用稻草塞在鞋子中，充当鞋垫。农家也做布鞋和暖鞋，这种暖鞋不防水，所以只能在室内穿。上世纪八十年代以后，很少有人手工制作鞋子，多数鞋子是从商店里买。但是，新世纪以来，出现了一些农家自己用毛线编织的鞋子。

八十年代以前，除了一些老人，很少有人戴首饰。一些人家里收藏有镯子、簪子等，但一般不佩戴。现在很多年轻女性戴首饰，包括耳环、手镯、项链等。

一　衣裤

围衣 [vɛ²⁴a⁵⁵]

“围衣”是围在一两岁小孩外衣上的衣服。“围衣”前面没有扣子，在背面开口并缝有带子。“围衣”围在外衣外面，从背后系住，主要作用是保护里层的外衣或者棉衣。刚学会走路的小孩，很容易把衣服弄脏。宁远的冬天，由于空气冷而潮湿，换洗的衣服三五天都不能晾干。“围衣”比较薄，容易晾干。所以，大人都喜欢在小孩身上围上“围衣”。

抱兜兜 [pɔ²⁴təu³³təu³³]

即肚兜，一般是夏天围在一岁左右小孩身上。夏天特别是中午，一岁左右小孩不论男女都不穿衣裤，只在腹部围上“抱兜兜”。“抱兜兜”一般是家人随意缝制而成，布料一般为棉质。“抱兜兜”是来自官话的借词。

图3－2 围衣

图3－3 抱兜兜

对门扣 [to^{55}miã^{33}k^{h}uɛ^{55}]

对门扣是纽扣在前面正中的上衣。一般女性上衣有四个纽扣，男性上衣有五个纽扣。现在大多数衣服都是“对门扣”。“对门扣”有时音变为[to^{55}mə^{33}k^{h}uɛ^{55}]。

大衣襟 [t^{h}o^{21}a^{35}tɕiã^{55}]

大衣襟与“对门扣”相对应。大衣襟的扣子排列是从衣领正中往右边经过胸前，斜向右侧后，直接往下。这种衣服的扣子都是布制的，衣领竖立，形状同旗袍。领口有宽有窄。大衣襟有单衣、罩衣和棉衣多种。上世纪六七十年代还比较常见，到上世纪末，就只看见女性老人穿大衣襟，现在已经很少看见有人穿这种大衣襟了。

盖皮衣 [kə^{55}p^{h}a^{33}a^{35}]

外套，一般是单层，不单穿，套在衬衣、毛线衣或棉衣的外面。盖皮衣式样有多种，现在的西装、中山装都是盖皮衣。上世纪，很多人一件棉衣要穿几年甚至十几年，而且一人最多只有一件棉衣，为防止弄脏棉衣，就在棉衣外套上盖皮衣。一般来说，棉衣都有与之配套的盖皮衣。

图3-4 对门扣

图3-5 大衣襟（1）

图3-6 大衣襟（2）

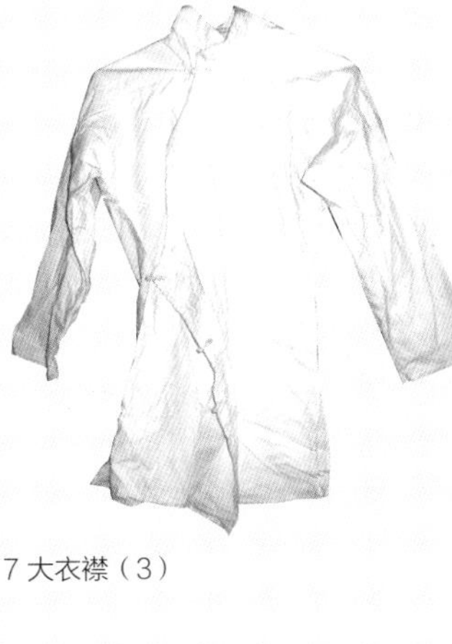

图3-7 大衣襟（3）

图3-8 盖皮衣

图3－9 四只袋牯（1）

图3－10 四只袋牯（2）

图3－11 四只袋牯（3）

四只袋牯 [sɛ^{55}tso^{33}t^{h}ia^{21}kɔ^{33}]

男式外套。式样像中山装，有上下四个口袋，口袋上方缝有口袋罩；前面正中五粒纽扣。衣领不竖立，而是像衬衣一样往下翻折。这种衣服一般作为罩衣穿，最常见的颜色为蓝色和黄色。上世纪十分常见，现在只有老人穿，也有人在做脏活累活的时候将其作为工作服穿。

两只袋牯 [liẽ^{55}tso^{33}t^{h}ia^{21}kɔ^{33}]

女性外套。与男性外套不同，女性外套只有缝在衣下摆的两个口袋，口袋的形状有多种花样，而且一般没有口袋罩。衣领较尖，衣领的式样较多。一般只有四粒纽扣。两只袋牯的衣服有各种各样的颜色。这种上衣春秋冬三季都可以穿，上世纪在中青年女性中较为流行，现在只有中老年女性穿。

徕头崽崽盖皮衣 [lia^{55}t^{h}əu^{21}tsə^{33}tsə^{33}kə^{55}p^{h}a^{33}a^{35}]

小孩的盖皮衣，是套在棉衣上的衣服。小孩容易将棉衣弄脏，且棉衣不容易洗晒，所以棉衣外面往往罩有一件盖皮衣。没有盖皮衣的棉衣被称为“寡夹衣”。小孩的盖皮衣根据大小缝有三至五粒纽扣。男孩的衣服一般没有花，是单色的；女孩的衣服都用印花的布料缝制。

图3－12 徕头崽崽盖皮衣（1）

图3－13 徕头崽崽盖皮衣（2）

秋衣 [tɕʰiəu³⁵a⁵⁵]

秋天的外套。女性的秋衣式样很多，特别是衣领、口袋的造型各式各样。男式的式样比较少。

单衣 [tie³⁵a⁵⁵]

单衣就是单层的衣服，特别指春秋两季穿的外衣。单衣可以套在内衣外，但一般不套在毛线衣等较厚衣服外。

夹衣 [ko²¹³a⁵⁵]

宁远的“夹衣”指棉衣。男性的夹衣一般有上下四个口袋，有的还缝有口袋罩，口袋罩上面有的有扣眼，可以将口袋罩扣在口袋上，以免在运动时口袋中的物件掉出来。女性的夹衣没有上口袋。男性的夹衣衣领为方形，女性的夹衣衣领为圆形。有的夹衣的纽扣用布缝制而成，但大多夹衣纽扣是从商场买的。缝制衣服时，裁缝店不提供纽扣，要顾客自己在商场选购。上世纪末，裁缝店就很少接到缝制夹衣的生意了。现在的冬天，除了小孩子还穿夹衣外，多数人穿羽绒服。夹衣外面一般要套一件盖皮衣，如果直接穿在外面，也称为“寡夹衣”。“寡夹衣”显得不够庄重，一般只在家里穿。

图3－14 女秋衣（1）

图3－15 女秋衣（2）

图3－16 女秋衣（3）

图3－17 夹衣（1）

图3－18 夹衣（2）

图3－19 夹衣（3）

秋夹衣 [tɕ^{h}iəu^{35}ko^{213}a^{55}]

秋夹衣用两层布缝制，有的夹层中有棉花，但棉花较少，有的两层布中间不用棉花。这种衣服一般秋天穿，所以称“秋夹衣”。现在很少有成年人穿秋夹衣。

徕头崽崽秋夹衣 [lia^{55}t^{h}əu^{21}tsə^{33}tsə^{33}tɕ^{h}iəu^{35}ko^{213}a^{55}]

徕头崽崽秋夹衣是小孩秋天穿的夹层衣。秋夹衣的衣领内侧有三角形的舌头，称为“胆”，是为了防止小孩受惊吓的。

胆 [tẽ^{33}]

“胆”是缝在背部衣领内侧的一个三角形小舌头。自己缝制的小孩的汗衣、夹衣、棉衣等内层的衣服上一般都缝有“胆”。人们认为，小孩，主要是五岁以下的小孩，“阳气”不旺，容易受“阴气”入侵，从而受惊吓。在衣服上缝制一个“胆”，小孩穿上后就有两个“胆”，可以免受惊吓。

图3－20 徕头崽崽秋夹衣（1）

图3－21 徕头崽崽秋夹衣（2）

图3－22 胆

图3－23 绳子衣（1）

图3－24 绳子衣（2）

绳子衣 [suẽ^{21}tsɿ^{33}a^{35}]

绳子衣就是毛线衣。上世纪六七十年代，能有毛线衣的人还较少，八十年代以后，毛线衣逐渐走入平常百姓人家。上世纪毛线衣较多的是自己编织的。不论男式女式，毛线衣一般都编织有花纹。既有对门扣，也可以是封闭式的。有的有衣领，有的没有。毛线衣上的花纹、图案并非衣服编织完成后再添加上去的，而是在编织时采用了不同颜色的毛线或者采用了不同的针法形成的。现在很少有人织毛衣，毛线衣多数是从商场买来的。“绳子”是来自官话的借词。

背褡 [pə^{55}to^{33}]

背褡即背心，有单层、双层（马甲）、夹棉、绳子背褡等几种。

单背褡 [tie^{35}pə^{55}to^{33}]

单层背心，包括单层薄马甲。一般直接称“背褡”。单背褡夏天穿。儿童，不论男女，夏天可以只穿单背褡。成年男性可以只穿单背褡，但女性一般不会只穿单背褡，在单背褡的外面还要穿一件薄外衣。女性穿在里面的单背褡也称里衣。

图3－25 单背褡（1）

图3－26 单背褡（2）

绳子背褡 [suẽ^{21}tsɿ^{33}pə^{55}to^{33}]

绳子背褡就是毛线编织的背心。农村编织绳子背褡的毛线，一般是从打算不再穿的毛线衣上拆下的，所以，绳子背褡一般都显得比较旧，有的毛线背褡花花绿绿，就是因为一种毛线不够，再找别的毛线凑成的。绳子背褡一般套在衬衣或者纱衣上，外罩外套。

夹背褡 [ko^{213}pə^{55}to^{33}]

夹背褡就是棉背褡。棉花有厚有薄。穿了棉衣后，还觉得冷，就在外面加一件夹背褡，夹背褡外面不再套外套。只有小孩和老人才备有夹背褡。

秋背褡 [tɕ^{h}iəu^{35}pə^{55}to^{33}]

秋背褡的夹层的棉花比较薄，或者只有两层，中间不加棉花。秋背褡主要在春秋两季穿。可以套在秋夹衣或者单衣的外面，但一般不套在毛线衣或者棉衣外面。

图3－27 绳子背褡（1）

图3－28 绳子背褡（2）

图3－29 夹背褡（1）

图3－30 夹背褡（2）

图3－31 秋背褡

图3－32 徕头崽崽秋背褡

图3－33 汗衣（1）

图3－34 汗衣（2）

图3－35 徕头崽崽汗衣（1）

图3－36 徕头崽崽汗衣（2）

图3－37 徕头崽崽汗衣（3）

徕头崽崽秋背褡 [lia^{55}t^{h}əu^{21}tsə^{33}tsə^{33}tɕ^{h}iəu^{35}pə^{55}to^{33}]

徕头崽崽秋背褡是小孩秋天穿的背心，夹层中的棉花比较薄。

汗衣 [xiẽ^{21}a^{35}]

汗衣是贴身穿的衣服，六七十年代所说的汗衣指贴身的短衣服。穿在外面的衣服在质地、式样、做工等方面都比较讲究，也比较贵，一般不舍得贴身穿，为了保护这些衣服，就在里面穿一件汗衣。汗衣主要为了隔汗，而不是吸汗。由于不穿在外面，所以除了质地外，样式、做工等方面并不讲究。随着经济条件的改善，从九十年代起，年轻人的衬衣里面不再穿背心等隔汗的小衣服了。现在只要贴身穿的，都可以算是汗衣，包括单背心、衬衣等。

徕头崽崽汗衣 [lia^{55}t^{h}əu^{21}tsə^{33}tsə^{33}xiẽ^{21}a^{35}]

徕头崽崽汗衣是小孩（主要是三岁以前的小孩）穿的内衣，这种汗衣主要是为了吸汗，注重质地柔软，但不一定是小衣服。徕头崽崽汗衣内侧衣领正中，缝有一个三角形的“胆”。现在从商场买来的小孩汗衣，没有“胆”。三岁以上的小孩，可以只穿背心，没有汗衣的概念。

图3－38 长裈

图3－39 满袋裈

图3－40 扯扯裈

长裈 [tsʰẽ^{24}kuã^{55}]

长裈即长裤，外裤。根据裤管的不同分为直筒裈、喇叭裈等多种式样。上世纪七八十年代，喇叭裈在青年人中很流行，但现在已经很少有人穿喇叭裈了。

满袋裈 [miẽ^{55}tʰia^{21}kuã^{35}]

小孩的满裆裤。裤裆，宁远平话称“裈袋”。

图3－41 赖死裈

扯扯裈 [tsʰə^{55}tsʰə^{55}kuã^{35}]

扯扯裈是小孩或者老人穿的裤头缝有松紧带的裤子。裤子穿久了以后，松紧带就松了，裤子不时往下滑落，小孩穿着这种裤子，不时地要用手“扯”，所以称为“扯扯裈”。扯扯裈一般是小学低年级的学生和老人穿。“扯扯裈”的“扯扯”借自官话。

赖死裈 [lia^{213}sɛ^{33}kuã^{35}]

赖死裈就是开裆裤，裤头有松紧带，一般三岁以下的小孩穿。既有单层的，也有夹层的。

图3－42 背带裈

背带裈 [pei^{33}tɛ^{33}kuã^{35}]

背带裈就是背带裤。只有小孩，而且一般是三四岁的小孩才穿背带裤。背带裤一般都是开裆裤，有单层布料做的，也有棉裤。

包包裙 [piəu^{35}piəu^{55}tɕ^{h}iã^{24}]

包包裙是紧身短裙，既有从商场买的，也有在裁缝店做的。这种裙子在上世纪九十年代开始出现在农村，流行于二十到三十岁的女性中。

夹裤 [ko^{213}kuã^{55}]

夹裤就是棉裤，所以也称棉裤[mã^{24}kuã^{55}]，裤头多有松紧带。棉裤一般不作为外裤穿，但是，新世纪以来，不少女性开始将棉裤作为外裤穿。

绳子裤 [suẽ^{21}tsɿ^{33}kuã^{35}]

绳子裤就是毛线裤，一般都是手工编织而成。

半截裤 [piẽ^{55}tsɿ^{33}kuã^{35}]

半截裤即短裤，有外裤和内裤两种。裤头有松紧带。穿在外面的半截裤，比内裤要长，这种裤子有的是用裤管有破损的长裤改成的。夏天，特别是在打稻子时，很多男性穿这种半截裤劳作。

图3－43 包包裙

图3－44 夹裤

图3－45 绳子裤

图3－46 半截裤

背带 [pei³³tɛ³³]

用来背小孩的带子，一般用厚而软的布料制成。方形的布的上下两边，各缝上一条带子。背小孩时，将带子从大人的双肩和腰部穿过，把小孩绑在背部。这样，大人可以腾出双手来工作。“背带”是来自官话的借词。

图3－47 背带

口水皮 [xəu³³suɛ³³pʰa³³]

“口水皮”就是小孩的围嘴。上世纪，小孩的围嘴都是手工制作，薄而硬，而且绣花。围嘴下边用绳子系有铜钱。据说，铜钱可以防邪气。新世纪以后，系铜钱的围嘴就比较少见了，多数围嘴比较厚软。

蓑衣 [sɿ³⁵a⁵⁵]

用棕编织成。上世纪播种到插田这段时间，很多农户披着蓑衣在田间劳作。并不是每个家庭都备有蓑衣，一个家庭也只备置一件蓑衣，所以蓑衣往往只是主要劳力才有资格披，其他人则披薄膜防雨。现在蓑衣比较少见。

图3－48 口水皮

图3－49 蓑衣

二　鞋帽

草帽 [tɕʰie^{33}mie^{21}]

草帽一般用芦苇或者麦秸编织而成，供人们夏天在太阳下劳作时遮阳。宁远夏天多雨，因为草帽不能遮雨，所以备置草帽的人家不多，多数家庭备置既可遮阳又可遮雨的棕丝斗笠。

笠斗 [lɛ^{21}tʰəu^{33}]

斗笠，骨架子用竹篾编织而成。有棕丝斗笠和大斗笠两种。

棕丝笠斗 [tɕiã^{35}sɿ^{33}lɛ^{21}tʰəu^{33}]

比较小的斗笠。双层的竹篾骨架之间夹有棕丝，顶上有三分之一的面积刷有交子（野柿子）油或者桐油，可以挡雨遮阳。普通家庭都备有一到两顶棕丝斗笠，一般认为棕丝斗笠比大斗笠高档。

图3－50 草帽

图3－51 棕丝笠斗

图3－52 帕子

大笠斗 [$t^ho^{21}lɛ^{21}t^həu^{33}$]

比棕丝斗笠大，比较薄。面上刷一层较薄的桐油，只能遮雨（晒太阳后油漆容易剥落）。上世纪，经常有村民戴着大斗笠在田间劳作。进入新世纪，村民生活水平提高，下小雨戴棕丝斗笠下田，下大雨时，穿雨衣下田，或者干脆不下田，大斗笠就很少见了。

帕子 [$p^ho^{55}lə^{21}$]

夏天在田野中劳动，女性也将毛巾戴在头上遮阳。

绳子帽子 [$su\tilde{e}^{21}tsɿ^{33}mie^{21}lə^{21}$]

即毛线编织的帽子，有各种颜色和式样。毛线帽子一般是老人在冬天戴，且戴毛线帽的以女性老人居多。到了冬季，市场上特别是农贸市场的服装摊位有这种手工制作的帽子出售。

图3－53 老人戴的绳子帽子

图3－54 小孩戴的绳子帽子（1）

图3－55 小孩戴的绳子帽子（2）

图3－56 猫崽帽子

图3－57 用枕巾缝制的猫崽帽子

图3－58 箍子帽子

猫崽帽子 [$mɔ^{33}tsɛ^{55}mie^{21}lə^{21}$]

猫崽帽子一般是用边角布料连缀成的小孩帽子，因为有耳朵，形状如猫而得名。这种帽子不分男女。有的用手工缝制，有的用缝纫机缝制。也有些猫崽帽子是用新的毛巾或者枕巾缝制而成。

箍子帽子 [$kɔ^{35}lə^{33}mic^{21}lə^{21}$]

箍子帽子是婴儿戴的帽子，这种帽子只是围住头的四周，顶部空出。帽子的边缘一般系有铜钱。

在箍子帽子的顶上加一根用来保护头顶的带子，称为梁帽子。之所以称为梁帽子，是因为头顶的带子像屋子的梁木。

胎帽子 [$t^{h}ia^{35}mie^{21}lə^{21}$]

胎帽子是冬天出生的婴儿戴的帽子，这种帽子是封闭式的，顶上或者正面还绣花或者镶花，帽子的前面或者系带中有铜钱。铜钱是用来辟邪的。

图3－59 胎帽子（1）

图3－60 胎帽子（2）

□□鞋子 [mɔ^{21}mɔ^{33}xa^{24}lə^{33}]

布鞋子，纯手工做成。有用鞋襻的“襻襻鞋子”[p^{h}ie^{55}p^{h}ie^{55} xa^{24}lə^{33}]，用松紧带的“松紧鞋”[sõŋ^{33}tɕiẽ^{33}xɛ^{21}]。上世纪，绝大多数农村妇女都会纳鞋底、做布鞋。女孩出嫁时，人们很关注她做布鞋数量的多少，手工的优劣，所以，有些不会做鞋子的女孩，出嫁前就请人代做布鞋。给新出嫁的女儿做生日时，母亲一般要做两双精致的布鞋，一双送给女儿，一双送给女婿。现在，除了婴儿穿的鞋子一般是家人制作的柔软的布鞋外，多数人都是从商场买布鞋，绝大多数年轻人都不会制作或者没有时间和耐心制作布鞋了。

图3－61 襻襻鞋子

松紧鞋 [sõŋ^{33}tɕiẽ^{33}xɛ^{21}]

松紧鞋的鞋面上有松紧带，自动调节松紧。农家自己做的松紧鞋鞋底是布的，商场出售的松紧鞋鞋底是塑料或者橡胶的。

图3－62 松紧鞋

绳子鞋子 [suẽ^{21}tsɿ^{33}xa^{24}lə^{33}]

绳子鞋子鞋面和鞋底用毛线编织，鞋底外再加一层橡胶。编织毛线鞋是新世纪才开始出现的，现在很多村民用毛线鞋取代布鞋，冬天在室内穿毛线鞋，外出时再换成其他鞋子。

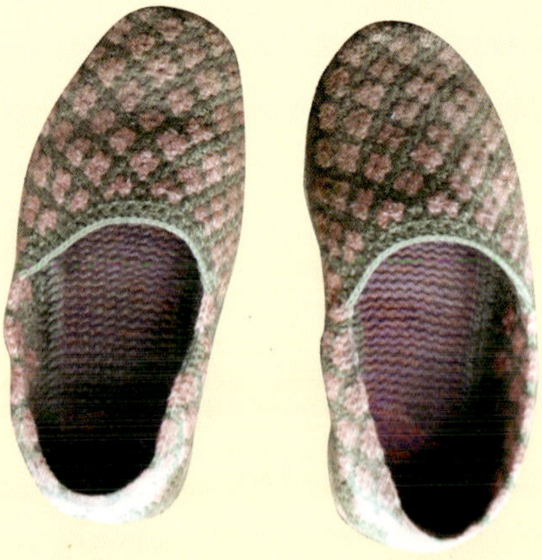

图3－63 绳子鞋子

图3－64 绳子拖鞋

绳子拖鞋 [suẽ^{21}tsɿ^{33}tʰo^{33}xɛ^{21}]

用毛线织成的拖鞋。“绳子拖鞋”是来自官话的借词。

暖鞋 [liẽ^{55}xa^{33}]

暖鞋是鞋面夹有棉花的鞋子。暖鞋的鞋面多用灯芯绒制作。鞋底用多层边角布料钉成，里面还上有棉花。现在也有人用毛线做暖鞋的鞋面。

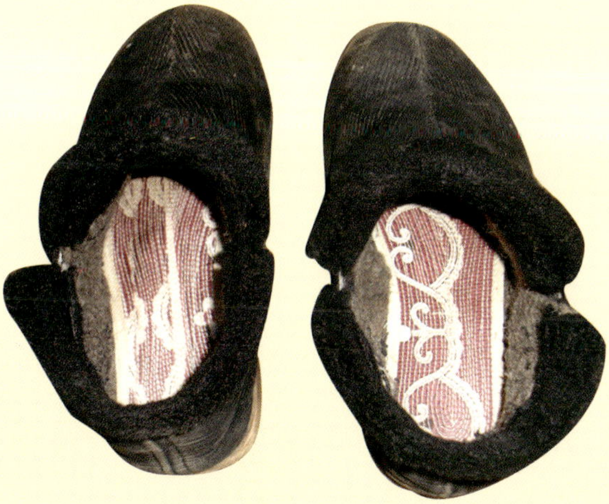

图3－65 暖鞋

图3－66 绳子暖鞋

图3－67 底牯

图3－68 隐底

底牯 [ti^{33}kɔ^{33}]

“底牯”就是鞋底。布鞋的鞋底，用多层边角布料叠置，再用粗线密密麻麻缝制。用来纳鞋底的线一般是纱线或者麻线。

隐底 [iã^{33}ti^{33}]

“隐底”就是鞋垫，做法与“底牯”相同，只是布料不如“底牯”的厚，纳鞋垫的线也比较细，针脚比较稀。

草鞋 [tɕʰie³³xa³³]

草鞋主要是夏天上山打柴或者赶集时穿。草鞋用稻草编织成，但这种草鞋现在已经没有了。还有一种草鞋，用纱织成，夏天穿，也称"草鞋"或者"木木草鞋"[mɔ²¹mɔ³³tɕʰie³³xa³³]，上世纪六七十年代后这种鞋子也逐渐不穿了。

皮子草鞋 [pʰa²⁴lə³³tɕʰie³³xa³³]

用废弃的汽车外胎割制而成。将外胎割成鞋样，再用橡皮或者橡胶管连接。这种草鞋凉快、耐穿，但外观不漂亮。这种鞋子一般是男性村民穿，在上世纪八九十年代很常见。由于鞋子的橡胶碎末容易沾在脚上，而且不容易洗干净，所以现在穿这种鞋子的人比较少。

图3－69 草鞋

图3－70 皮子草鞋

肆·饮食起居

图4-1 办场

宁远的主食是米饭。农村和城镇的中、晚餐都吃米饭。农村多数人的早餐主要是米饭。城镇多数人的早餐不在家中吃，而是上早餐店吃米粉或者面条。改革开放前，大米不够，需要杂粮来补充。杂粮比较粗糙，一般都要加工后再煮熟食用。宁远加工杂粮，常见的做法，就是将其磨成粉，做成粑粑。农村人家很少做包子、馒头、饺子、油条等食物。特别是上世纪八九十年代，吃包子、馒头、油条对大多数人来说还是奢侈的消费。

宁远的菜肴样式很多，而且常常将主食做成很多花样，以致菜饭很难分清。面条，既可以作为主食吃，也可以作为一道下饭的菜。米豆腐、粉等也是如此。宁远瓜果蔬菜比较丰富，国内蔬菜的多数品种，宁远当地都可以栽种。时令蔬菜吃不完，就做成坛子菜储存。农村常年有坛子菜。宁远的坛子菜种类很多，如油豆腐、酸萝卜、酸豆角、酸藠头，等等。宁远菜肴以辣为特色，几乎每一道菜都放辣椒。没有新鲜辣椒的季节，煮菜时就放辣椒粉或者剁辣椒作为佐料。改革开放前，一般家庭只有在节日或者招待客人的时候才有荤菜；煮菜用的油也很少，有的家庭只是为了避免菜粘锅才用油：将一小块肥肉在烧热的锅中抹一圈就取出来，留着下次煮菜时再用。进入新世纪，虽然一般家庭的食用油不愁了，但荤菜不见得每天都有。宁远肉食种类很多，以猪肉为主，鱼、鸡、鸭等都很常见。

宁远人自己非常节俭，但待客却十分热情。招待客人，都有荤菜。除了一日三餐外，还有丰富的“宵夜”“宵上头”“宵晚下”来款待客人。改革开放前，副食自己舍不得吃，只用来招待客人。

宁远起居有较多的禁忌：早晨不能说“没火”，也不能借火；晚上不能吹口哨，也不能梳头、剪脚指甲；吃饭不能敲打空碗；补衣服必须脱下衣服，不能直接穿在身上补，等等。

一　主食

饭 [ma^{24}]

一般人家一日三餐都是吃米饭。上世纪六七十年代，大米不够吃，往往用大米和着红薯块或者干红薯丝一起做饭，分别称“红薯饭”[xã^{24}çie^{21}ma^{24}]或者“红薯丝饭”[xã^{24}çie^{21}sɿ^{35}ma^{24}]。只用大米做的饭，就称为“白米饭”[p^{h}o^{21}mi^{55}ma^{24}]。也用糯米煮饭，这种饭就叫“糯米饭”[lə^{21}mi^{55}ma^{24}]。有的糯米饭还和着“冬豆”一起煮。糯米饭煮熟后，一般要加油盐炒一炒。现在的农村很少做红薯饭，红薯丝饭更不需要了。

改革开放前，吃剩的米饭，下一餐还吃。剩饭一般会在炒菜的锅里加热，虽然已经加热，但仍叫“冷饭”[lo^{55}ma^{33}]，吃这种饭也就是“食冷饭”[ɿ^{21}lo^{55}ma^{33}]。宁远有“冷饭难吃，冷气难沤”（受气后无处发泄，称为“冷气”）的说法。条件较好的人家，加热剩饭时，放一些油和盐，这就是“油铛饭”[iəu^{24}tç^{h}ie^{55}ma^{33}]。现在，剩饭要么和着米重新做饭，要么喂鸡鸭。

图4－2 粥饭

粥饭 [tsəu^{213}ma^{33}]

“粥饭”就是粥。上世纪多用“炆铛”煲粥，靠加柴的多少控制火力，并用“打饭箸”[ta^{33}mẽ^{33}ts^{h}ɔ^{21}]（一种长筷子）不断地搅拌。那时的粥一般是白米粥，大米不够时，也会加进红薯丝。现在一般都用高压锅、电饭煲、紫砂锅煲粥，并加进小米、绿豆、红枣等。

图4－3 绿豆粥饭

红薯 [xã²⁴çie²¹]

改革开放前，特别是秋冬两季，红薯是农家早餐的主要食品。头一天晚上将红薯蒸熟，第二天早餐吃。由于红薯已经凉了，早晨再做点清汤、汤饭，或者再配点酸菜就着吃。红薯也作为饭后加餐的食物。

也可以将红薯切成块，煮成红薯汤。红薯汤可以在早、中、晚餐食用。

现在的农村大米够吃，红薯不再作为正餐的食物，主要用来酿酒或者喂猪。

粑粑 [pa³³pa³³]

用粉做成的团状食物都可以称为粑粑。宁远有“有米不做粑，三餐当作一餐呷”的说法，意思是足够三餐的米做成粑粑后，一餐就可以吃完，所以在缺少粮食的年代，做粑粑并不划算。“粑粑”是来自官话的借词。

馅心粑粑 [xiẽ²¹çiã⁵⁵pa³³pa³³]

“馅心粑粑”是一种用糯米粉做成的粑粑，球形，内有糖馅。馅的成分主要是花生、芝麻和红糖。宁远的大年初一早晨要蒸馅心粑粑，而且每个粑粑上有红米，内有馅心。红色表示喜庆，圆有团圆之意。人们还认为，正月初一这天吃的粑粑如果没有馅心，预兆这一年运气不好。正月十五、八月十五的早餐也要吃馅心粑粑。此外，平常偶尔也做馅心粑粑吃，特别是在喜庆的日子。现在市场上有蒸熟的馅心粑粑出售。

图4－4 红薯

图4－5 馅心粑粑

图4－6 打粑粑

打粑粑 [ta^{33}pa^{33}pa^{33}]

“打粑粑”在平话中既可以指打糍粑的行为，也可以指这种粑粑。“打粑粑”不做正餐的主食，一般作为早餐前的一道点心，也在睡觉前作夜宵。小孩常常在“火桶”上将粑粑烤软了吃。上世纪，打粑粑还作为拜年时的礼品。

鸟崽粑粑 [liɔ^{55}tsɛ^{55}pa^{33}pa^{33}]

鸟崽粑粑是以一种被称为“粑粑菜”的植物为主要原料，加进糯米粉做成的粑粑。将粑粑菜用开水烫软，与米粉一起揉成团，做成一个一个的粑粑，蒸熟后就可以食用。这种粑粑一般随意捏成，就像竹节一样，所以也称“竹竿粑粑”[tsəu^{213}kiẽ^{55} pa^{33}pa^{33}]。到了农闲季节，一些农妇就从野外采来新鲜的粑粑菜，上午或者下午做鸟崽粑粑，蒸熟后，用来招待来家里聊天、打牌的村民，这种粑粑不作为正餐。“鸟崽粑粑”是来自官话的借词。

图4－7 粑粑菜

图4－8 鸟崽粑粑

图4－9 蕨根粑粑

图4－10 头□粑粑[tʰəu^{24}kʰuã^{21} pa^{33}pa^{33}]

蕨根粑粑 [kui^{213}kã^{55}pa^{33}pa^{33}]

蕨根粑粑是用蕨根粉做的粑粑。把采回来的蕨菜根洗净，榨出蕨根中的汁水。取出沉淀物，加进适量水和米粉，一边加热一边搅拌，煮熟凝固后就成了蕨根粑粑。将蕨根粑粑切成片，再用油炸，味道更好，有的还在炸好的蕨根粑粑上洒些白糖。上世纪，为了充饥才做蕨根粑粑，那时的蕨根粑粑中没有加米粉或者加的米粉很少，不用油炸，最多用点油在锅里焙一焙，味道很不好。

头□粑粑 [tʰəu^{24}kʰuã^{21}pa^{33}pa^{33}]

粽子的一种，外形像枕头，所以称“头□粑粑”。一般七月半、八月十五前后食用。食用时，将粑粑叶子打开，用线将粑粑分成一片一片。这种粑粑既可以作为送人的礼品，也可以作为祭祖的供品。

燕子□ [iẽ^{24}tsɿ^{55}tsʰa^{213}]

“燕子□”就是粽子，一般与“头□粑粑”一起做。城镇的市场上常年有煮熟的粽子出售。不少人，特别是走读的学生，早餐就是一两个粽子。

图4－11 燕子□[iẽ^{24}tsɿ^{55}tsʰa^{213}]

粉 [fiã^{33}]

图4－12 粉

“粉”即米粉，既指煮熟了的米粉，也可以指有待加工的米粉。米粉一般早餐吃。城镇的早餐店，主要是供应米粉。农村，早餐还是以米饭为主，但也会不时做一餐米粉吃。自家做的米粉，一般小提前用水“发”[fia^{213}]（浸泡）。水和晾干的米粉一起下锅。早餐店中的米粉，要把米粉放在水中“发”几个小时。顾客需要时，就把发好的米粉放在滚烫的锅里烫一烫，用“捞子”[lɔ^{24}zɿ^{55}]（笊篱）捞出来，加进佐料即可。店里还会提供辣椒、酸菜等，客人可以随意添加。按照顾客要求，米粉中可以增加现炒的新鲜猪小肠、牛肉等。县城每天早晚有人用三轮车或者板车拉着刚用大米做出来的米粉叫卖。也有人挑着米粉在农村叫卖。这种米粉，还没有完全晾干。买回后，需要趁米粉间没有粘牢固的时候将其一根一根地拆开、晾干。需要煮时，再用水浸泡。宁远的米粉很细，没有圆粉、扁粉之分。

面 [miã^{21}]

宁远的面主要是挂面，做法与米粉相似，但面条不用提前“发”。

米豆腐 [mi^{55}t^{h}əu^{21}fu^{21}]

图4－13 米豆腐

把米磨成粉，加适量石膏水，一边煮一边搅拌，煮熟后冷却凝固，就成了“米豆腐”。米豆腐可以直接食用。更常见的吃法是，将米豆腐切成小四方块，用水煮热，然后放进凝固的猪血块，加进调料（一般是姜丝、葱），做成带汤的米豆腐。米豆腐一般也是早餐吃。市场上有煮好的米豆腐出售，误了中餐时间的人，就在市场上买一碗米豆腐充饥。

二　副食

干红薯 [kẽ^{35}xã^{24}ɕie^{21}]

将蒸熟的红薯切成片或者条，晒干后就成了“干红薯”。干红薯甜甜的，小孩们都比较喜欢。上世纪，上学的中小学生常常带一些干红薯，在放学回家的路上吃。正月，干红薯也作为点心摆在果品盒子中招待客人。干红薯一般是农家自制，市场上也有出售。

红薯果子 [xã^{24}ɕie^{21}ku^{33}tsɿ^{33}]

将干红薯用茶油炸，就成为红薯果子。也可以将生红薯切成条、片后，直接用茶油炸制成果子。红薯果子炸好后还可以沾上芝麻、糖。红薯果子也是春节待客的点心。

果子 [ku^{33}tsɿ^{33}]

“果子”是用油炸成的糯米制品。在糯米粉中加少许糖水，揉成团，再切成小拇指大小的条，并在簸箕中滚成小圆柱，或者在簸箕中放白糖，让白糖沾在小圆柱糯米上。

图4－14 干红薯

图4－15 红薯果子

图4－16 果子

图4－17 兰花根

将小圆柱状的糯米条放进油锅里“泡”[pʰəu^{55}]（炸）熟，就是“果子”。如果在炸前没有放糖，也可以将果子放在熬成的糖浆中，蘸上糖浆，这个过程叫“上糖”[sõ^{55}tʰẽ^{24}]。

人们常常将果子做成大圈套小圈的形状，并称之为“兰花根”[lã^{21}fa^{33}kẽ^{33}]（官话借词）。现在真正的兰花根很少见了，大家把果子也称为兰花根。

果子是正月待客的点心，兰花根可以作为拜年的礼品。

红瓜子 [xã^{24}ko^{35}tsɿ^{33}]

“红瓜子”与西瓜籽相似，但颜色是红的，且比西瓜籽香。长红瓜子的瓜，叫“喜子瓜”[sɿ^{55}tsɿ^{33}ko^{35}]。喜子瓜的瓜籽晒干就可以收藏和出售。红瓜子外壳红色，且肉香，被认为是比较高档的待客点心，价格比葵花籽高出许多。但即使家境不好的人家，也会备有红瓜子。平日家中来了客人，宁远也用红瓜子招待。春节待客喝茶，一般都要有红瓜子。

图4－18 红瓜子

砂糖 [so^{35}tʰẽ^{33}]

宁远的糖种类很多，最常用的糖是“砂糖”。“砂糖”也叫“红糖”[xã^{24}tʰɔ̃^{33}]，是相对于“盐糖”[liõ^{24}tʰẽ^{33}]（也叫“白糖”[pʰo^{21}tʰẽ^{33}]）来说的。宁远本地有“糖榨”[tʰẽ^{24}tso^{55}]（榨糖的作坊），现在都用机械了，已经见不到原始的糖榨了。

“粑粑要糖”（吃粑粑必须有糖），宁远的砂糖主要是用来做粑粑馅或者制成糖水

图4－19 砂糖

蘸粑粑吃。可以直接将砂糖溶于水中，用粑粑蘸着吃。也可以将砂糖与花生、芝麻等和着舂碎，用粑粑蘸着吃，或者作为馅包在粑粑中。宁远粑粑多，农贸市场上常年有砂糖出售。

蜜糖 [mã^{21}tʰẽ^{33}]

宁远的“蜜糖”不多，偶尔有人挑着在集市流动叫卖。

牛皮糖 [ŋəu^{24}pʰa^{33}tʰẽ^{24}]

牛皮糖在宁远也很常见。牛皮糖一般是货郎挑着货担叫卖。货郎用切割这种糖的刀、锤互相敲打，发出叮叮叮的声音吸引买主。所以，大家称这种糖为“叮叮糖”[tiẽ^{33}tiẽ^{33}tʰẽ^{24}]。牛皮糖的买主主要是小孩。糖用圆形的铁皮盒子装着，有人要买，就切割一些来卖，不用秤称，小孩也不计较多少，拿着一小块就跑了。

崽崽糖 [tsə^{33}tsə^{33}tʰẽ^{24}]

把糖做成小小的颗粒，就叫“崽崽糖”。崽崽糖中一般加进薄荷等成分。因为颗粒小，主要用来哄小孩。

红薯烧酒 [xã^{24}çie^{21}sɿ^{35}tɕiəu^{33}]

“红薯烧酒”是宁远最常用的酒，一般都是农家自制。红薯烧酒成本低，而且宁远县红薯多，所以红薯烧酒也多。宁远人好酒，也好客。男性客人来了，都会以酒招待。菜可以简单一点，少一点，但是酒不能缺。宁远人劝客喝酒十分热情，一般都希望客人喝醉。在别人家里喝酒，也以喝醉为荣。

胡酿酒 [fu^{24}liẽ^{55}tɕiəu^{33}]

“胡酿酒”是用糯米酿制而成的甜酒。用自己制作的“饼子”，搅拌在蒸熟的糯米中，大约两个“对时”[to^{55}sɿ^{21}]（一昼夜为一个对时）就产生酒液（称“来酒”[la^{24}tɕiəu^{33}]了）。其中的酒液称为“胡酿”[fu^{24}liẽ^{55}]，糯米称为“酒糟”[tɕiəu^{33}tɕie^{55}]，胡酿和

图4－20 胡酿酒

酒糟都可以食用。端午、中秋、过年之前，一般家庭都会酿胡酿酒。

水酒 [suɛ^{33}tɕiəu^{33}]

“胡酿酒”做成后，加进一些水，浸泡一两个“对时”，再用“酒抽”把酒“抽”[tɕʰəu^{35}]（过滤）出来，就是“水酒”。被“抽”过的“酒糟”就少有甜味和酒味了，一般只能用来喂猪。“胡酿酒”不容易变酸，但水酒很容易变酸，所以，水酒做成后，一般要沥干其中的酒糟，以延长存放时间。上世纪，端午节一般都要喝水酒，现在水酒做得比较少了。

拖缸酒 [tʰə^{35}kiẽ^{55}tɕiəu^{33}]

“胡酿酒”如果不是加水，而是加进“烧酒”或者其他白酒，制成的酒就是“拖缸酒”。“拖缸酒”也叫“胡酿箍烧酒”[fu^{24}liẽ^{55} kɔ^{35}sɿ^{35}tɕiəu^{33}]。“拖缸酒”酒精度不低，但是很甜，很容易使人在不知不觉中喝醉。“拖缸酒”一般在过年时用来待客，常用来招待女性客人。

杨梅酒 [iẽ^{24}mo^{21}tɕiəu^{33}]

人们喜欢在烧酒中放进杨梅和冰糖，制作成“杨梅酒”。这种酒一般夏天饮用。此外还可以用“丁古兰”（丁香）泡成“丁古兰酒”。

三 菜肴

青菜 [tɕʰio^{35}tɕʰia^{55}]

青菜就是菜，宁远平话的“青菜”既指“青青菜”[tɕʰio^{35}tɕʰio^{35}tɕʰia^{33}]（即蔬菜），也是菜的统称。白菜[pʰo^{21}tɕʰia^{55}]、豆公[tʰəu^{21}kã^{55}](豆角)、茄子[tɕʰie^{24}lə^{33}]、丝瓜[sɿ^{35}ko^{55}]、北瓜[pə^{213}ko^{33}](南瓜)、苦栗[xɔ^{33}lɛ^{21}](苦瓜)、甜菜[tʰã^{24}tɕʰia^{55}]、石菜[so^{21} tɕʰia^{55}](芥菜)、苋菜[xe^{21}tɕʰia^{21}]、豆子[tʰəu^{21}lə^{21}]、黄花[xẽ^{24}xo^{55}]、红薯叶子[xã^{24}ɕie^{21}ʅ^{21}lə^{21}]、芹菜[tɕʰiẽ^{21}tsʰɛ^{33}]、萝卜丝[lə^{24}pə^{55}sɿ^{35}]、藠头[tsɿ^{55}tʰəu^{33}]等都很常见。这些菜可以单独炒，也可以和着猪肉一起炒。煮叶子菜一般不放辣椒，但煮其他菜时一般都会放青辣椒、红辣椒或者辣椒粉。茄子、辣椒、萝卜可以在火烬中煨熟，拌盐后，就是下饭的菜。蒜[ɕyẽ^{55}]、葱[tɕʰiã^{35}]、姜[tɕiẽ^{35}]都是佐料，但是蒜叶、蒜条、嫩姜可以单独做菜。

菜 [tɕʰia^{55}]

“菜”在宁远特指猪肉或者肉食。

图4－21 青青菜

图4－22 菜

图4－23 煨萝卜

煨辣椒 [və^{35}lia^{213}tsʅ^{55}]

把辣椒煨熟后，轻轻撕去表面一层薄皮，加上食盐，擂烂后就成为煨辣椒。上世纪经济条件不好的时候，农村常做煨辣椒下饭。那时，多数家庭烧茅柴做饭。茅柴火烬相对来说比较温和，也适合将辣椒煨熟。煨辣椒是夏天的一道常用菜。烧饭时将辣椒放在灶中的灰烬中，饭熟了，辣椒也煨熟了。现在农村烧煤，煨辣椒做得比较少了。

煨萝卜 [və^{35}lə^{24}pə^{55}]

萝卜煨熟后，拌上辣椒和盐就是煨萝卜。萝卜煨熟后可以直接食用，也可以放在坛子中腌着，这种萝卜也称“火烧萝卜”。煨萝卜需要较长的时间，农村一般在煮猪潲时将萝卜放在灶中，慢慢煨熟。现在菜市场上有大量的切成条、拌上盐和辣椒的煨萝卜出售。

干笋子 [kiẽ^{35}ɕyã^{33}tə^{33}]

干笋子就是晒干后的笋子。宁远竹子较多，竹笋也多。出竹笋的季节，竹笋吃不完，人们常常把新鲜的笋子晒干收藏。煮干笋子前，要用水将笋子泡软。

此外，宁远还有干萝卜、干辣椒、干黄花，等等。

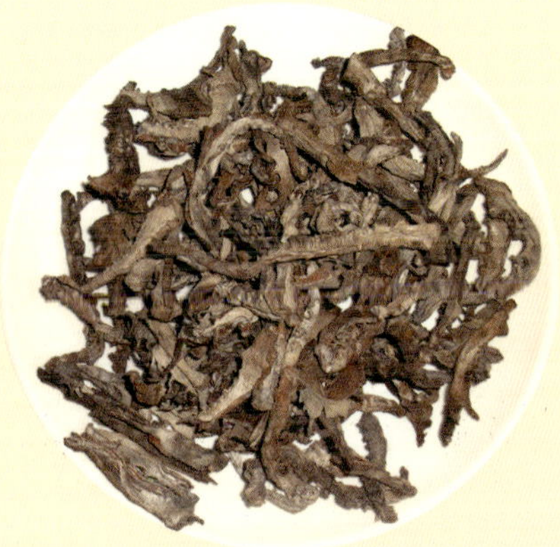

图4－24 干笋子

鸭肉 [o^{213}vu^{33}]

鸭肉的做法，宁远以“浇血”[tɕiəu^{35}fei^{213}]为主。外地称血鸭，宁远平话中没有特定的名称。杀鸭子时，接装鸭血，并不停地搅拌，使鸭血不凝固。鸭肉炒熟后出锅前，浇淋上鸭血，搅拌使之均匀粘在鸭肉和其他佐料上。佐料一般配辣椒、生姜、花生或者黄豆。这样炒的鸭肉较香，是宁远比较有特色的一道菜，也是宁远人常吃的一道菜。

图4－25 鸭肉

酿豆腐 [liã^{24}t^{h}əu^{21}fu^{21}]

“酿豆腐”是宁远的特色菜。将新鲜猪肉（或者鱼肉）和着适量的蒜或者韭菜、姜、味精、食盐等佐料一起剁成肉泥，再将肉泥塞入特制的“豆腐皮子”[t^{h}əu^{21}fu^{21}p^{h}a^{24}lə^{33}]中，这就做成了酿豆腐。“豆腐皮子”其实就是四四方方的“泡豆腐”[p^{h}iəu^{55}t^{h}əu^{21}fu^{21}]（油豆腐）。“豆腐皮子”中间是空的。有些豆腐皮子制作不好，里面就会有一些“豆腐渣子”[t^{h}əu^{21}fu^{21}tso^{35}lə^{33}]（未炸透的豆腐）。酿豆腐前，就要先将里面的“豆腐渣子”掏出来。煮“酿豆腐”很容易，把锅子里的水烧滚，放进“酿豆腐”，待豆腐皮起皱，就熟了。

图4－26 豆腐皮子

图4－27 酿豆腐

图4－28 辣椒豆腐

图4－29 蜂子肉

辣椒豆腐 [lia21tsɿ55tʰəu21fu21]

将肉泥（或者肉和鱼等剁成的肉泥）“酿”进辣椒，就成了辣椒豆腐。辣椒豆腐也称“辣椒酿豆腐”。

此外，将肉末“酿”进茄子、苦瓜，就是“茄子”[tɕʰie24lə33]或是“苦栗”[xɔ33lɛ21]（苦瓜）酿豆腐。

蜂子肉 [pʰiã35lə33vu33]

蜂子肉是用蜂蛹做的一道菜。蜂子肉被认为是一道很高档的菜，味道好，营养价值高。当地的“鬼头蜂”，攻击力强，但窝大蛹多。鬼头蜂将蜂窝建在山上的洞里。上世纪，挖蜂窝取蛹的主要是一些年轻人，他们并不是专业的，只是兴起时相约到山中挖蜂窝取蛹。近年来，出现了一些卖蜂蛹的人。他们取蛹有一定的经验，买蛹的人提前一天预约，第二天都能拿到蜂蛹。

霉豆腐 [mə24tʰəu21fu21]

上世纪，农村几乎每个家庭都做霉豆腐。一是因为豆子可以自己种，不需要买，二是霉豆腐下饭，且保存时间较长。农村制作霉豆腐主要是在腊月。“一块霉豆腐送一碗饭”（即一块霉豆腐可以下一碗饭），到了农历三四月，还可以吃上腊月做的霉豆腐。现在菜市场上以及超市常年有霉豆腐出售，腊月做霉豆腐的农户比较少了。

片片豆腐 [pʰã55pʰã55tʰəu21fu21]

片片豆腐是油豆腐片。宁远的片片豆腐油炸时间较长，所以，不容易用手撕开。片片豆腐一般不用煮，加上酸辣椒或者辣椒粉就是下饭的菜。菜市场上常年有售。家庭自

图4－30 霉豆腐

图4－31 片片豆腐

制片片豆腐，主要在腊月。自制的片片豆腐一般搅拌上辣椒粉和盐后，腌在坛子中保存。

豆腐渣 [t^{h}əu^{21}fu^{21}tso^{35}]

“豆腐渣”一般指霉豆腐渣。为了保存较长时间，将新鲜的豆腐渣加少许盐炒熟，待长霉、收霉后，搅拌上盐、姜丝和辣椒（有的还加白酒），放在坛子中保存。食用时，常常和着藠头、野生藠头一起煮。豆腐渣和片片豆腐一样，上世纪六七十年代都是农家常用的下饭菜。现在条件好了，农村已经不用豆腐渣下饭了，但城镇的农贸市场还有豆腐渣出售，供人们偶尔尝尝。

霉豆子 [mə^{24}t^{h}əu^{21}lə^{21}]

豆子煮熟后，待其长霉、收霉，搅拌上辣椒粉、姜丝、盐，腌在坛子中保存。下饭时，从坛子中取出直接食用。霉豆子与霉豆腐一样，也是上世纪六七十年代农家自制的家常菜。现在也偶尔食用。

图4－32 豆腐渣

图4－33 霉豆子

图4－34 冲菜

图4－35 雷公屎

冲菜 [tsʰẽ^{55}tɕʰia^{21}]

冲菜是用芥菜腌制而成的坛子菜。芥菜，宁远称为“石菜”[so^{21}tɕʰia^{55}]。将芥菜的肉质茎的嫩尖摘下，剖开并晒干后，揉进食盐，就是“冲菜”。冲菜也可以撒上辣椒粉。冲菜既可以单独作为一道菜，也可以与猪肉一起炒。

雷公屎 [lə^{24}kã^{55}sɿ^{33}]

雷公屎就是地木耳。春天气温回升，雨后天晴，岩石上甚至草丛中就生出许多“雷公屎”（地木耳）。“雷公屎”清炒，味道清脆。但“雷公屎”很难洗，由于肉质嫩，在清洗“雷公屎”上的泥沙时，很容易把“雷公屎”洗得碎烂，影响口味。所以在采集时就要注意选择生长环境很干净、大朵的“雷公屎”。

螺螺 [lə^{24}lə^{55}]

宁远所谓的“螺螺”包括田螺、蚌等。宁远的河、水沟、塘以及田里都有“螺螺”。个体较小的是“铁螺螺”[tʰi^{213} lə^{24}lə^{55}]，较大的是“田螺螺”[tʰã^{24}lə^{24}lə^{55}]，扁的是“界蚌螺螺”[ka^{55}pʰa^{21} lə^{24}lə^{55}]（蚌）。村民也自己到河、田、池子中捉螺螺。市场上有活的螺螺或者螺螺肉出售。各种螺都可以取肉炒，田螺螺和铁螺螺还可以带壳直接炒或者做汤。炒带壳的田螺或者铁螺前，要在其尾部剪掉一小节，这样，炒熟后可以顺利地吸

图4－36 螺螺

出其中的肉。螺螺一般和着五香、紫苏、生姜爆炒，再适当加酸辣椒。宁远人喜欢吃带壳的螺螺。到了夏天的晚上，很多人到县城街上的螺螺夜宵摊上吃带壳的螺螺。

腊肉菜 [lo²¹vu³³tɕʰia⁵⁵]

“腊肉菜”就是腊肉。进入冬季后，特别是到了腊月，农村家家户户都熏制腊肉、腊鱼、腊鸭等，灶头则常常是一排的腊肉。制腊肉称“烘腊肉菜”。腊肉一般带有排骨和皮。一块腊肉重两三斤不等。一般用棕树叶子从肉皮上穿过，将其挂起来熏制。为了腊肉颜色好看，熏制腊肉主要用瘪谷、茶籽皮、锯木粉等。熏制后，一般挂在灶头，让它经常受到烟熏。新世纪以前，正月给长辈亲戚拜年，必须要带腊肉。长辈带来的腊肉，晚辈则不能接受。新世纪后，一般不再带腊肉走亲戚。

宁远的腊肉可以蒸，也可以炒。腊肉也可以与香肠等一起炒，并加进莴笋、芹菜、辣椒等配料。

腊鱼 [lo²¹ŋɔ³³]

宁远的腊鱼，以熏制为主。草鱼、鲢鱼等大一点的鱼，可以制成干鱼块，也可以制作成整条的干鱼。

红薯粉 [xã²⁴ɕie²¹fiã³³]

宁远红薯多，所以红薯粉也多。红薯粉一般与猪脚、排骨或者腊肉等一起炖。上世纪，师傅到农家帮助做红薯粉，收取手工费。那时的红薯粉完全用红薯丝洗出的淀粉做成。现在，有专门做红薯粉的专业户，他们收集红薯，有的将红薯粉碎后制成红薯粉，有的甚至加入了别的成分。市场上很少能见到农家自制的红薯粉。

图4－37 腊肉菜

图4－38 红薯粉

四 起居

起床 [sɿ^{33}tsʰẽ^{24}]

多数人天亮即起床，勤奋的人不等天亮就起床。上世纪七八十年代，多数家庭没有钟，主要靠鸡鸣来确定起床时间，特殊情况鸡鸣第一遍就起床，学生多在鸡鸣第三遍时起床。

早晨农事很多，早餐前要烧火熬猪潲，喂猪，出早工。上世纪，多数人家烧柴，起床更早。上世纪五六十年代，还有人到野外捡狗粪肥田。现在烧煤，多数人在晚上就将猪潲熬着，第二天一早将潲凉了喂猪，起床可以稍晚。但早晨一般要到田地中做事，做完“早工”后再回家吃早餐，所以起床不能太晚。

梳毛毛 [sɔ^{35}mie^{33}mie^{33}]

即梳头发。女性早晨起床后梳头。上世纪六七十年代，不会梳发型的小女孩，一般不留长头发。女性不同年龄层次有不同的发型，一般都是自己打理。新世纪以来，不少女性到发廊里做头发，并使用定型的美发用品，发型也更加多样。男性一般剪成平头，头发很短，不用梳子梳头发，更不用像女性一样每天早晨都要梳。

女性晚上不洗头，不梳头。一般认为，晚上天黑，显得阴森森的，长头发披起来像鬼，吓人。一般在梳头时才照镜子，所以晚上也不能照镜了，宁远有“夜晚镜子照鬼脸”的说法。从本世纪初，这种风俗逐渐被打破。

狗屎畚箕 [kəu^{33}sɿ^{33}piã^{55}tsɿ^{55}]

狗屎畚箕是一种发型，这种发型只留住囟门处一小撮头发，像一只畚箕倒扣在头上。上世纪，小男孩留这种发型。现在除了婴儿时期，只有极个别家长给小孩剪这种发型。

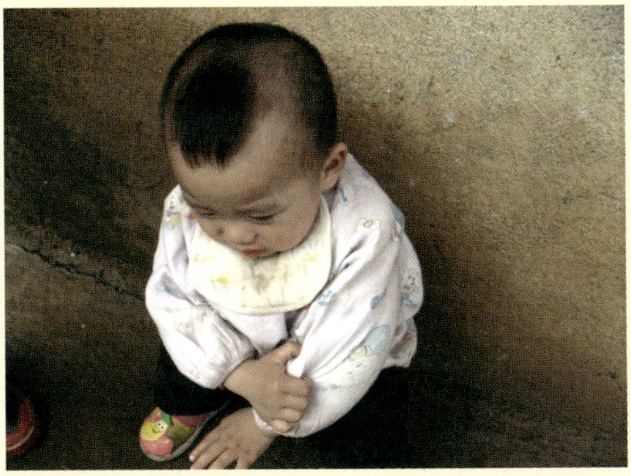

图4－39 狗屎畚箕

图4－40 阳杆咩咩

阳杆咩咩 [iã^{21}kã^{55}mie^{33}mie^{33}]

阳杆咩咩就是蜻蜓，也指一种发型。小姑娘将顶上的一撮头发束起来，称“阳杆咩咩”。人们认为，这种发型，中间的一圈越圆，分界越清晰就越漂亮。人们逗笑扎这种发型的小女孩说，“阳杆咩咩求雨”。

刷把 [sua^{21}pa^{33}]

将头发在两边分别捆扎，前面留小碎发遮住额头，梳头时力求中间的界线很分明。这种发型在小学低年级的女孩中较为常见。“刷把”借自官话。

羊角辫 [iã^{21}tɕio^{21}piã^{33}]

将头发梳到两边，先紧贴头皮用橡皮筋扎起，而后分别编成辫子。这种发型见于小学低年级的女孩。这种发型的头发要比梳“刷把”的稍长。“羊角辫”一词借自官话。

马尾巴 [mo^{55}ma^{55}kã^{55}]

将头发梳至后脑勺处扎成一把，称“马尾巴”。

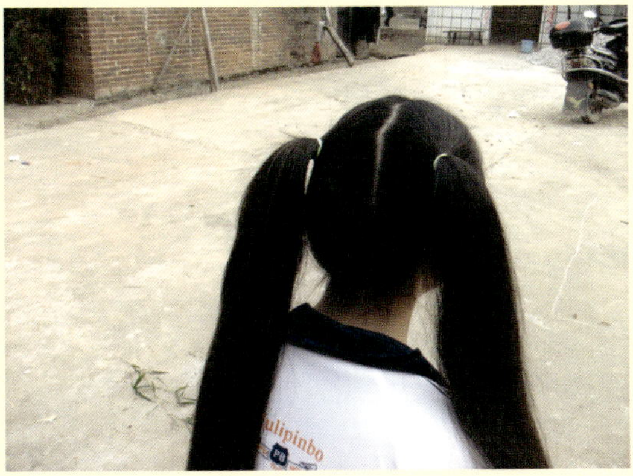

图4－41 刷把

图4－42 马尾巴

图4－43 辫子

图4－44 青年头

辫子 [piã^{35}lə^{33}]

一般是将头发在脑后分成两半，各编成辫子。上世纪七八十年代，留长发的成年女性喜欢编辫子。有的人还在辫子的尾部稍作装饰。现在编辫子的女性不多。

青年头 [tɕ^{h}iẽ^{33}liẽ^{21}t^{h}əu^{21}]

上世纪八九十年代流行于农村青年女性中的发型。头发自然垂下，长短不一。“青年头”一词借自官话。

学生头 [ɕio^{21}sẽ^{33}t^{h}əu^{21}]

这种发型多见于学生，前后都比较整齐。“学生头”一词借自官话。

运动头 [yẽ^{24}təŋ^{24}t^{h}əu^{21}]

这种发型见于各种年龄的女性，形态介于青年头和学生头之间。“运动头”一词借自官话。

刷牙 [sua^{21}ia^{21}]

一般在早晨刷牙。上世纪六七十年代，农村刷牙的人还不多。现在农村也还有一些老人没有刷牙的习惯。“刷牙”一词借自官话。

起火 [sɿ^{33}fu^{33}]

早晨起来就要生火。火代表人丁兴旺。早晨不能借火，特别是农历的初一和十五。人们认为，早晨借火，就会把红红火火的运气借走。上世纪使用火柴点火，早晨不能到别人家借火柴。后来多数家庭烧煤，晚上炉子不熄火，但如果炉子熄火了，早晨不能到

图4－45 起火

别人家借火。灶或者炉子的火熄灭了，也不能嚷“没火了”，那是“没人了”的意思。另外，初一、十五也不能借物品，否则被人记恨。

剁猪菜 [tɔ^{55}tɕie^{35}tɕ^{h}ia^{55}]

农家成年男性早晨下田做事，家庭主妇要在早餐前剁猪草，熬潲。猪草主要是红薯藤、青菜、萝卜、红薯等。一般将猪草放在“猪菜墩牯”上剁成一截一截，剁好的猪菜直接放在地上。上世纪八九十年代后，有人使用轮转式的机械来切割猪菜，但由于一般家庭的猪栏中只养一两头猪，剁猪菜并不需要很多时间，所以农村使用这种机械的家庭并不多。

图4－46 猪菜墩牯

图4－47 煲潲

煲潲 [pie^{35}sə^{55}]

宁远农村养猪，一般每天喂三次，但潲都是早晨一次性熬好。为了猪长得快，一般会在猪菜中加进米、糠。现在烧煤，多数人在晚上临睡前将猪潲放在炉子上，等第二天一起床，潲就熬好了。煲潲这种家务活一般是女性做。

煮饭 [tɕie^{33}ma^{24}]

改革开放前，用炆铛烧柴煮饭，改革开放后，人们开始烧煤做饭，并使用高压锅，现在不少人用电饭煲做饭。

切菜 [tsʰɿ^{213}ɕia^{55}]

切菜就是切肉。切肉时要切成薄片，不切成正立方块，或者不规则的坨坨，那是丧事宴的切法。

食饭 [ɿ^{21}ma^{24}]

宁远一日三餐，分别称为“食早饭”“食斗日”“食夜地”，三餐均以米饭为主。现在农村有少数人早餐吃米粉或者面条。吃饭有很多讲究和禁忌。吃饭时忌讳将筷子插在饭碗中，那是祭祀亡灵的做法。忌讳饭前饭后用筷子敲打空碗，认为那是乞丐的习惯。

有“敲碗敲箸，讨食没路”的说法。碗中的饭吃完前不能加饭，也不能吃完一碗后换另一只碗盛饭，据说如果这样，就会导致再婚。女孩不能吃猪蹄，否则，长大后谈朋友就会有人“打破”（就是有人在其男友前说坏话）。小孩不吃鱼子，否则算不清数；不吃鸡鸭的肠子，否则写不好字。生意人不吃动物的头，否则做生意会亏本。

上世纪六十年代前，有客人的时候，女性和小孩不坐在桌上用餐。同桌吃饭，长辈动了筷子，晚辈才能开始吃，长辈吃完放下筷子，其他人就不能再吃了。如果排席位，坐上席的人不开始吃，其他人不能开始，坐上席的人停下筷子，其他人也就不能再吃了。所以，坐上席的人为了让其他人吃饱，即使自己已经吃饱了，也不放下筷子，而且象征性地吃一点等待大家。从六十年代开始，这种习俗已经打破。

啜酒 [suei^{213}tɕiəu^{33}]

即喝酒。宁远如果有男性客人，一日三餐都要喝酒。上世纪，中和镇用碗喝酒，其他乡镇用“瓯子”[əu^{35}lə^{33}]喝酒。现在中和镇也用小酒杯喝酒。用“瓯子”喝酒，一般喝干“瓯子”中的酒才斟酒。用碗喝酒，每一口喝多少比较随意，添酒时并不清查每个人碗中酒的多少，但客人喝干碗中酒之前主人就应该为其添酒，否则不礼貌。每喝一口酒，得请客人吃菜。待客人吃菜放下筷子，主人才能斟酒。不管哪个乡镇，主人都十分热情，想方设法使客人喝醉，有时不惜使用强硬的办法。客人不喝醉，主人就觉得自己的热情还不够。有些客人，如果主人不劝酒，就会不高兴。近年来，使用强硬办法逼人喝酒的现象已经少了。

上世纪，从县城开始，逐渐到乡镇，喝酒有几道程序。首先桌上的所有人一起喝，喝两杯，然后两两互相陪酒两杯。之后，再根据情况陪喝。到最后还要猜拳喝酒。

上席 [sẽ^{21}tɕʰio^{21}]

桌子宽的一边为上席。上席一般靠墙或者面对正门。现在很少区分上下席。

下席 [xo^{55}tɕʰio^{21}]

与上席相对的一面为下席。

陪酒 [pə^{24}tɕiəu^{33}]

即敬酒。一般辈分低、年纪小的敬辈分高、年纪大的人，双方均须喝干杯中的酒。

图4－48 猜拳

猜拳 [ts^{h}a^{35}k^{h}uã^{24}]

即行酒令。宁远招待客人十分热情，喝酒到了一定程度后一般都会猜拳。年轻人不但在喝酒时猜拳，也在饭后猜拳。饭后的猜拳只是比试猜拳的水平，并不喝酒，常常被称为“猜干拳”。猜拳双方同时出指，总数为十个，猜中者赢，输者喝酒。猜拳有很多规矩，行拳前双方要事先定好。现在猜拳的人较少了。

食茶 [ʅ^{21}ts^{h}o^{24}]

即喝茶。如喝酒有下酒菜一般，喝茶都有送茶的果品，所以，请人喝茶称“摆茶”[pia^{33}ts^{h}o^{24}]。宁远的禾亭镇喜欢喝茶，一年四季只要有来客都摆茶。其他地方则在正月、生日等特殊日子才摆茶招待客人。宁远对茶具不讲究，杯子、碗都可以用来喝茶。农村泡茶，一壶一壶地泡，也有人用热水瓶泡（即直接将茶叶倒入热水瓶中）；城里比较讲究的人，则一杯一杯地泡茶。

图4－49 食茶

食早饭 [ʅ^{21}tɕie^{33}ma^{33}]

农村一般在上午八九点钟做完早晨的工作后吃早餐。

宵上早 [ɕiɔ^{33}sã^{21}tsɔ^{55}]

也称“宵上斗”[ɕiɔ^{33}sẽ^{21}tʰəu^{21}]，是在早餐和中餐之间的加餐。“宵上早”有几种情况，一种是没吃早餐，在上午补餐；一种是做了特别的点心（如用野菜做成粑粑），请邻居一起品尝；一种是请人帮忙做事，劳动强度大，吃中饭的时间又比较晚，在上午加餐。“宵上早”借自官话。

宵晚下 [ɕiɔ^{33}mie^{55}xo^{33}]

在中餐和晚餐之间的加餐。

宵夜 [ɕiɔ^{33}ie^{24}]

“宵夜”是来自官话的借词。农村宵夜主要是为了招待客人，特别是在正月里。正月的宵夜，首先上粑粑，然后上酒菜。偶尔也有不是为招待客人的宵夜，多半是因为工作太晚。

洗澡 [sʅ^{33}tɕie^{55}]

一般在傍晚或者晚上洗澡。客人来了，使用主人的毛巾洗澡，但男女的澡巾不混用。上世纪一些比较贫困的家庭，男性共用一条澡巾，女性共用另一条澡巾。一些人认为，男性身上沾到女性的洗澡水就会行厄运。洗澡一般在卧室进行，洗澡后的水装在卧室角落的尿桶中，用来浇菜。新世纪以来，一些家庭建有专门的洗澡房，尿桶也不再放在卧室中。

洗衣 [sʅ^{33}a^{35}]

一般是女性洗衣服，但男性和女性的衣服必须分开洗。衣服一般在脚盆中洗。上世纪七八十年代，还较多地使用搓衣板。现在很多人家门前建有“洗衣板”（洗衣台），衣服就在洗衣板上洗。越来越多的村民开始用洗衣机洗衣服，男女衣服不再分开洗了。

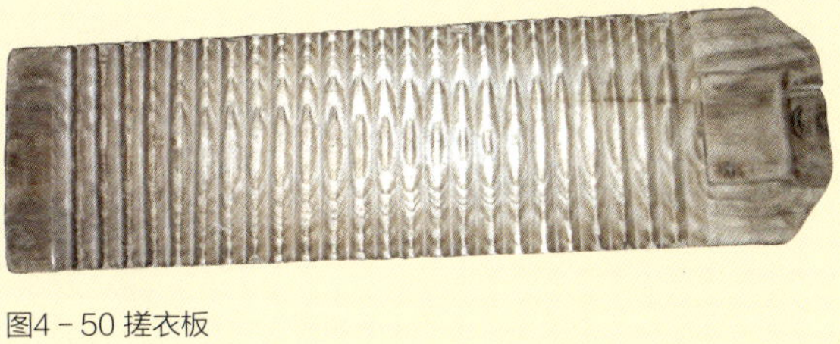

图4－50 搓衣板

图4－51 洗衣板

吹衣 [ts^{h}uɛ^{35}a^{35}]

即晾衣服。一般用衣架或者直接将衣服晾在“杉篙”[so^{35}kie^{55}]（竹竿或者较细的木棒）上。人们认为，从头顶晾有女性衣裤的地方经过，就会不幸运，所以，女性把衣服晾晒在较高且下面常常有人经过的地方，就会遭人谴责。甚至，女性的内衣内裤一般都不晾晒在显眼的地方。现在虽然还有人很注重，但是多数人逐渐抛弃这种对女性的歧视。

扫地 [ɕiɛ^{55}t^{h}ɛ^{21}]

一般在早晨扫地。人们认为下午和晚上是收财的时间，所以如果下午或者晚上一定要扫地，就得从外往里扫。宁远嫁出去的女儿在娘家不能扫地，人们认为，嫁出去的女儿在娘家扫地，就会将娘家的财运带到婆家去，对娘家不利。

图4－52 扫地

补衣 [pu³³a³⁵]

现在一般不穿补丁衣服了，但还是有些缝补活动。缝补一般由女性承担，但现在这种区分不如原来严格了。需要缝补的衣服要脱下来补，不能穿在身上补。传统认为，穿着衣服缝补，生活中会招人嫌弃。

图4－53 补衣

夹脚甲 [ka²¹³tɕie²¹³ko⁵⁵]

剪脚指甲。只能白天剪。宁远的风俗认为，晚上不能剪脚指甲，否则容易被绊脚。

捡□□ [tɕie²¹³kʰa²¹kʰa²¹]

鸡下蛋有时在窝里，有时在鸡笼子里，有时候也下在茅柴中，一般都在自己家的屋前屋后，所以别人不会捡。但主人在捡鸡蛋时，也有讲究，就是不能在蛋热的时候捡，据说这样，鸡下次下蛋时就会换地方，主人很可能找不到。此外，鸡下蛋的时候，不能看，否则跟人说话容易脸红。

图4－54 捡□□[tɕie²¹³kʰa²¹kʰa²¹]

筛米 [sa³⁵mi⁵⁵]

筛米是将米中的碎米、糠、小石子等筛出去，筛米的过程中，也同时将米中的谷粒簸出去。一般先把簸箕放在地上，用米筛在簸箕上筛下碎米等，而后用簸箕将谷粒簸出去，平话也称“簸米”。筛米、簸米的工作由女性承担。

谈白 [tʰã²¹pə²¹]

谈白就是聊天。女性聊天一般会一边做点别的事情，如织毛衣、摘菜等，所以聊的时间比较长。男性聊天的时间一般不会太久。宁远农村聊天没有固定的场所，一般在屋子门口，或者在屋子前面的坪子上。夏天则在树荫下。有时三五人，有时人多一点，但一般不会很多人聚集在一起聊天，只有做红白喜事时，才会有较多的人聚在一起聊天。即使是聚集了较多的人，聊不久就会三三两两分散，并很快找到另一种娱乐的活动，比如打牌，来打发时间。谈白是来自官话的借词。

图4－55 筛米

图4－56 谈白（1）

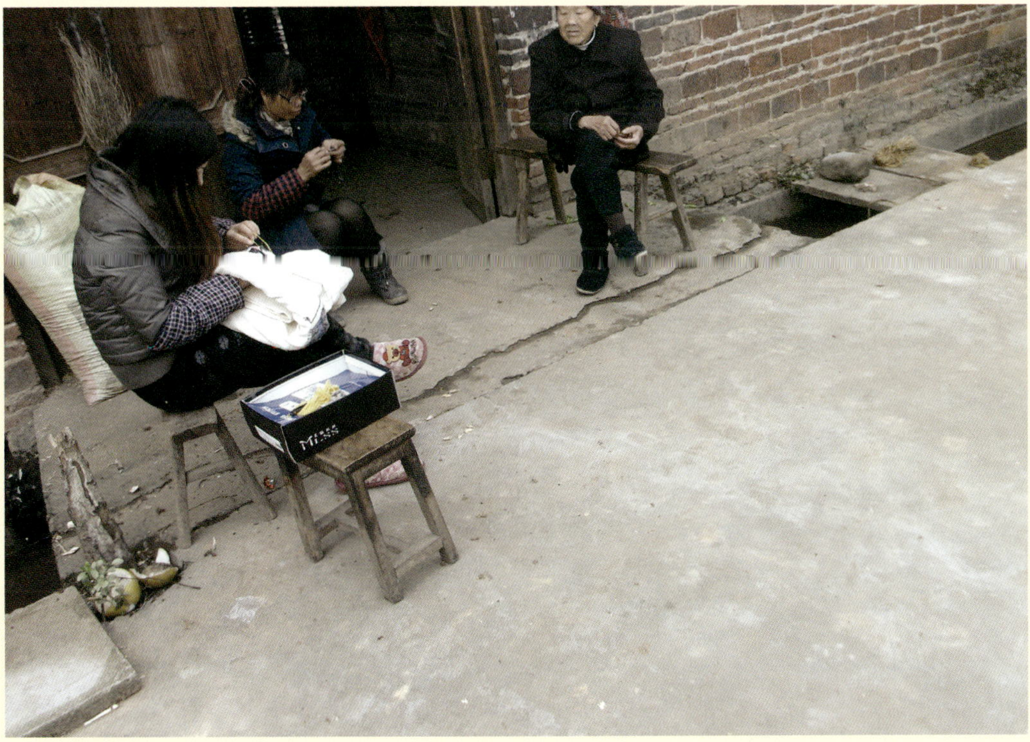

图4－57 谈白（2）

伍·农工百艺

图5－1 拆烟

宁远县的主要粮食作物是水稻，最主要的农事就是水稻的种植、管理、收割。水稻一年可播种两次，即早稻和晚稻。早稻被称为“头季”[$t^{h}əu^{24}tsɿ^{55}$]或者“头禾”[$t^{h}əu^{24}vu^{33}$]，在清明前后播种。宁远有“二月清明不在前，三月清明不在后”的说法，就是说，清明节在农历二月，那么早稻在清明节以后下种；如果清明节在农历三月，则在清明前播谷种。早稻五六月收割。晚稻称“二禾”[$li^{21}vu^{33}$]，一般在立秋前播种，十月收割。此外，二季稻（晚稻）收割后可以在田里种萝卜。种萝卜并不影响来年在这些田里种早稻。除了水稻，宁远几乎所有农户都种红薯和蔬菜。由于水田不多，红薯和蔬菜一般种植在不能作为水田的旱地里。从上世纪七八十年代开始，很多农民也种烤烟。烤烟成了宁远最主要的经济作物。烤烟一般栽种在田里。烤烟头年下种，第二年春天移栽，种烤烟的田当年不能种早稻。现在农村青年多数外出务工，农事就落在了留守在家的老年人肩上，不过在农忙时节，在外务工的青年人也会回乡帮忙。

上世纪，农村几乎每个家庭都养猪、牛、狗、鸡、鸭，一些农户在田里或者池塘中养鱼。养猪、鸡、鸭等是为了出售后换回油盐和学费钱，养牛是为了耕田，养狗主要是为了看家。多数人都会捕鱼，且捕鱼的方式很多。农村烧饭做菜都烧柴。每个家庭都上山砍柴。现在农村事务单纯多了，青年人外出务工，不少家庭买煤烧，不用上山打柴，养猪、狗、鸡、鸭的家庭也越来越少。多数家庭只种田地，而且大多数农户一年只种一季。

宁远属于丘陵地区，依据地势开垦出来的田地，高高低低，形状极不规则，机械化的农具推广难度比较大。宁远的农事活动除了少数用机械外，都是通过人力、畜力来完成。宁远的农具主要是适应耕种田地和饲养家畜家禽等需要的简单工具。

由于比较闭塞，每个乡镇都有一些工匠。木匠、砌匠、弹棉花的大致方圆几里就有一位。据说，他们都有一些法术，评价他们水平的高低也以掌握法术的高低为依据。人们对他们都很敬畏。他们走家串户地做“手艺”。进入新世纪以来，工匠多数在自己家里做活，到市场上出售产品。也有一些产品是预订的。

宁远的农户兼做养殖、捕鱼等工作，少数农民在农事之余从事烧炭、酿酒、榨油等工作。除了专门从事商业、屠宰的外，专门的种植户、养殖户、渔户很少。改革开放以后，很多人进城务工，逐渐出现了少量专门从事手工工艺的匠人。

一　农事

田地 [tʰã^{24}tʰɛ^{21}]

“田地”包括水田和旱地。

田 [tʰã^{24}]

田，主要指用来栽种水稻的水田。水田在秋季水稻收割完后就空置，一般也不储水。到了来年春天，田里才开始储水。也有些田冬天储水，这种田被称为“冬田”[tiã^{35}tʰiã^{33}]。冬田可以养鱼。也有一些田，秋季水稻收割完以后还种萝卜等蔬菜。现在不少人在田里种烤烟，用来种烤烟的田，头年冬天就挖成垄（称“起烤烟间子”[sɿ^{33}kʰie^{55}liẽ^{55}kie^{55}lə^{21}]），以便在早稻季节种植烤烟。

现在，很多村民到外地打工，不少村民搬迁到县城居住，很多田地都荒芜了。

图5－2 冬天起了烤烟间子的田

地 [$t^h\varepsilon^{21}$]

地，指旱地。旱地主要用来种菜或者其他经济作物。上世纪六七十年代，粮食不够吃，能作为水田种水稻的，一般不作为菜地。不易储水的山坡，才开垦为旱地。离开住宅不远，屋前屋后或者村头村尾山坡上的地，一般栽种白菜、辣椒、茄子、葱蒜等蔬菜，这种地被称为“青菜地”或者“园地”。离开屋子比较远的地一般种经济作物，如红薯、高粱，这种地就称为“红薯地”“高粱地”。

图5－3 冬天种蔬菜的田

图5－4 园地（1）

图5－5 园地（2）

图5－6 花生地

图5－7 犁田

犁田 [li^{24}tʰã^{24}]

种早稻前要犁田。元宵节一过，就开始犁田了。有的农户等涨了春水，田里储满水后再犁。犁田一般用牛力。犁田分为开厢犁、钢丝犁。现在很多青年人常年在外务工，不会驱赶牛犁田，犁田的活都是由年纪大的人来做的。

耙田 [pʰo^{24}tʰã^{24}]

犁田后，要用耙把犁开的土捣碎整平。

分厢 [piã^{35}ɕiẽ^{35}]

分厢就是将田分成小块。用来播谷种的田，耙过后都要分厢。分厢主要是为了田间管理的方便。为了使稻种长得整齐，分厢后，要用木板在田里拖动，将田里的土面整平。

撒种谷 [ɕia^{213}tsã^{33}kɔ^{33}]

撒种谷就是撒谷种，将浸泡后已经发芽的谷种抛撒到整好的秧田中。种谷一般在播种前一周左右就浸泡了，播种时种谷已经发芽。宁远在下种前后往往有寒潮。浸泡种谷的过程中如果寒潮来临，就用温水给种谷保暖。

为了防止鸟啄食种谷，种谷撒到田里后，还要盖上薄薄的一层泥土，或者盖上薄膜（薄膜同时可以保温）。

图5-8 耙田

图5-9 分厢

图5-10 撒种谷（1）

图5-11 撒种谷（2）

图5-12 种谷

图5－13 □秧[ya²¹iẽ³⁵]

□秧 [$ya^{21}i\tilde{e}^{35}$]

“□秧”就是拔秧，将秧从秧田中拔出，捆成一把一把，以便搬运和移植到其他田中。所有的秧拔完插完，称“洗秧田”[$s\textipa{\textsyllabic{z}}^{33}i\tilde{e}^{35}t^{h}\tilde{a}^{33}$]。“洗秧田”，往往要准备比较丰盛的菜来庆贺。

莳田 [$s\textipa{\textsyllabic{z}}^{21}t^{h}\tilde{a}^{24}$]

“莳田”就是插秧。生产队时期，每年的首次插秧，首先由插秧老农下田插第一手秧，然后其他人依次下田插秧。上世纪六七十年代，为了禾苗插得整齐，还使用专门的工具画十字线。农村实行承包责任制后，农田包干到户，各家插自己的秧，没有老农插第一手秧的规矩，也没有人在田中画线了。

插秧时往往请亲戚朋友帮忙，不给工钱，只请吃饭。一些刚刚从学校毕业回家或者参军复员回乡的年轻人往往不请自来。现在，多数年轻人外出务工，插秧时，他们中不少人也请假回来。

图5－14 莳田

图5－15 火肥

图5－16 牛栏肥

沤火肥 [əu⁵⁵fu³³vɛ³⁵]

沤火肥就是将带草的土坯堆成堆后用火烧。烧火肥时，不能烧出火苗来。烧后还要浇上粪便。火肥主要施给水稻、红薯。现在主要用化肥，已经很少有人沤火肥了。

牛栏肥 [ŋəu²⁴lie⁵⁵fɛ²⁴]

牛栏肥包括牛圈和猪圈中的肥。猪圈中的肥也称“猪楼肥”[tɕie³⁵ləu⁵⁵ fɛ²⁴]。牛栏和猪楼中都铺了稻草，等稻草沾满了畜粪，就要将其清出来，堆在一起，需要时再挑到田地里施肥。牛栏肥既可以施在田中肥禾苗，也可以撒在地里肥蔬菜。

图5－17 予肥（1）

图5－18 予肥（2）

予肥 [ie^{35}fɛ^{24}]

予肥主要是给田中的禾苗、烤烟苗施肥，既可以上圈肥，也可以将稻草、烤烟秆子、花生藤放在禾苗间。经过水的浸泡，稻草、烤烟秆子、花生藤会沤出肥来。

灌肥 [kyẽ^{55}fɛ^{24}]

灌肥主要是给地中的蔬菜上肥，包括浇粪便肥等。

图5－19 杀虫

杀虫 [sa²¹³liã²⁴]

杀虫主要是给禾苗除虫。以前除了用农药外，也往田里撒石灰。改革开放以来，人们都用农药杀虫，很少撒石灰了。给禾苗杀虫一般在上午进行。过去杀虫的工作主要由男性来做，八九十年代以来，女性也开始承担杀虫的工作。很少有人在杀虫时戴口罩。

割禾 [kə²¹³vu²⁴]

宁远用专门的禾镰刀割禾。因为稻草留着有用，人们都希望稻草长一点，所以割禾时，尽量在禾苗根部距地面很近的地方下刀。上世纪，早稻收割完后，接着就要种晚稻，所以，收割早稻时，田中还有水。现在多数农户只种一季，无论早稻还是晚稻，割禾前一般都会将田中水放干。放干田中的水再收割稻谷，谷子比较干净，而且，打谷子也比较省力。

图5－20 割禾（1）

图5－21 割禾（2）

图5－22 打谷子

图5－23 捆草

打谷子 [ta^{33}kɔ^{213}lə^{33}]

打谷子就是将稻谷脱粒。上世纪六十年代前用洪桶打谷子。洪桶是一个四方的大桶。打谷子时，手握禾的根部，将稻子往桶内打，使得谷子脱落。六十年代开始使用脚踩打谷机，这种打谷机是双人踩的，比较大。一般是四人合作，两人先将稻子堆成两堆，中间留有足够放下打谷机的空间。打稻子时，两人踩打谷机打稻子，两人在旁边递稻禾。打完一堆后再轮换。八十年代后，农村承包到户，打谷机小型化，女性也可以抬动这种打谷机。打谷子时，不需要有人递稻禾，打完一把稻禾，自己再拿另一把来打。新世纪出现了动力打谷机，其实就是将柴油机装在打谷机上，代替人力。但这种打谷机还没有普及，多数人还像上世纪一样，用脚踩的打谷机打谷子。

捆草 [$k^h a^{213} tɕ^h ie^{33}$]

脱粒之后的稻草，一般都会晒干后收存起来，用于铺床、垫畜圈禽圈，所以脱粒之后的稻草，要捆扎成把。现在也有不少人就地将稻草烧了，或者就地撒在田里(一般是水田，有的还将稻草踩进泥土里)，作为肥料。

草树 [$tɕ^h ie^{33} ɕie^{21}$]

草树就是缠有稻草的树。将稻草缠绕在树干上，可以避免下雨时把草淋湿了。农村的屋子小，没有较大的空间来收藏稻草，而且屋子收藏太多稻草容易引发火灾，所以草树在农村很常见，村口村尾都可以见到。

草堆堆 [$tɕ^h ie^{33} to^{35} to^{55}$]

将一把一把的草堆起来。根部朝外排成一个圆圈，一层层往上堆。最顶上用一把草盖住。草堆一般堆在空地上或山坡上。

图5－24 草树

图5－25 草堆堆

图5－26 晒谷子

晒谷子 [sa⁵⁵kɔ²¹³lə³³]

不管是干田还是水田中收割的稻子，都要经过日晒才能储存。过去将谷子晒在晒谷坪上，没有晒谷坪的人家就将稻子晒在棚簟上。晒谷子时一般需要有人专门翻动和赶鸡（不让鸡来啄食谷子）。现在很多人家都建有水泥板的屋子，谷子就晒在屋顶的水泥板上。这样，多数晒谷坪已经被废弃，也很少见到用棚簟晒谷子了。在水泥板屋顶上晒谷子，不需要专人赶鸡。

图5－27 吹谷子

吹谷子 [tsʰo³⁵kɔ²¹³lə³³]

将瘪谷从谷子中分离出去就是吹谷子。吹谷子一般是傍晚在晒谷场上进行。上世纪，一般不扔掉瘪谷，而是将瘪谷碾成糠，用来喂猪、鸡等畜禽，或用来烘烤腊肉腊鱼。现在，瘪谷吹出来后，堆在一起烧掉作为火肥，或者不作处理。

图5－28 捶芒□[tsʰua²⁴mie²⁴xa⁵⁵]

捶芒□ [tsʰua²⁴mie²⁴xa⁵⁵]

用打谷机打谷子，有些禾穗也被打谷机的轮子卷进打谷机的桶内。夹杂有谷子的比较杂乱的禾尖、禾芒被称为“芒□”。上世纪，很多人将“芒□”带到坪子上，晒干后用木棒捶打，使谷粒脱粒，再用团筛筛出其中的谷子。“芒□”中的谷子并不多，一担“芒□”不过一二斤谷子，所以，现在人们将“芒□”直接放在坪上，让鸡、鸭啄食，很少人捶“芒□”了。

洗洪桶 [sɿ³³xẽ²⁴tʰiã³³]

田里的谷子打完以后，要将洪桶洗干净并收藏起来，所以收割工作的完成称为“洗洪桶”。洗洪桶一般要进行庆贺。生产队时期，洗洪桶由队里进行庆贺。现在包干到户，洗洪桶这天，一般也会办一顿丰盛的菜肴表示庆贺。

种红薯 [tsã^{55}xã^{24}ɕie^{21}]

红薯是宁远最主要的杂粮。在上世纪，几乎所有的农户都种红薯。红薯可以供人畜食用，红薯藤则是喂猪的主要材料。种红薯先挖红薯间子，然后将红薯的剪枝插在间子上。红薯成长过程中，要翻藤、松土、施肥。

挖红薯 [ya^{213}xã^{24}ɕie^{21}]

挖红薯一般在农历九月。过去，挖红薯的工作会有几个人协同进行。有时是一个成人带一两个孩子，有时是一个主要劳动力和一个老人。现在挖红薯，有时只有一个人。

掰红薯 [pa^{213}xã^{24}ɕie^{21}]

掰红薯就是将红薯从藤上摘下来，并清除红薯上的泥土、根须。红薯在地里即挖即掰。

图5－29 挖红薯

图5－30 掰红薯

图5－31 种豆子

图5－32 打豆子

种豆子 [tsã^{55}t^{h}əu^{21}lə^{21}]

豆子可以种植在地里和田埂上。在田埂上种豆子，只要用小型的叉子或者刀子插进土中，挤出一点缝隙，把三四粒豆子放入即可。在地里种豆子，先用锄头挖出一行行的凹槽，每隔半尺左右放上三五粒豆子，再覆盖上一层薄土。种豆子一般由两人配合完成：一人挖槽和覆土，一人放豆子。

打豆子 [ta^{33}t^{h}əu^{21}lə^{21}]

打豆子就是用工具使豆子从豆壳里脱离出来。将晒干的豆子植株放在坪子上，用连枷打击，豆子就从植株上的豆子壳中脱落出来。打出的豆子一般不需要再晒，可以直接储存。宁远的豆子不多，嫩豆子做菜还不够吃，需要晒干保存的就更少了。

烤烟 [kʰie^{55}liẽ^{55}]

烤烟是宁远最主要的经济作物。政府鼓励种烟，对烟农提供了化肥、煤等物资，种植达到一定的面积，还资助建设烤烟房，种烟的质量高的还有种种奖励。种烤烟，头年要先挖烤烟间子、播种，第二年春天移栽烟苗，四五月就可以剥烟、烤烟。上世纪七八十年代，烤烟事业发展很快，现在种烟的农户很多，他们不但在旱地里种烟，也将水田改为烟田，春季种烟，夏季种晚稻。农村建起了很多专门用来烤烟的烤烟房。

剥烟 [piəu^{213}liẽ^{35}]

剥烟就是将烟叶从烤烟（树）上剥下来。烟叶剥下后需要当天编在木杆上，剥烟和编烟都需要较长的时间，所以，剥烟一般在早晨进行。早晨露水很大，加上烤烟枝头很高，剥烟叶的人衣裤都会被打湿。男女都参加剥烟的工作。

编烟 [piã^{35}liẽ^{35}]

将烟叶编在小木杆上，便于架在烤烟房中进行烘烤。编烟的活一般由女性负责，有时男性也会参与。

烤烟 [kʰie^{55}liẽ^{35}]

烤烟即将烟叶放在烤烟房中烘烤。一房烟从上架到下架需要一周左右，其间，要时刻注意温度，晚上要多次起床看火添煤。一般由男性承担烤烟的工作。

图5－33 剥烟

图5－34 编烟

图5－35 烤烟

拆烟 [$ts^ho^{21}li\tilde{e}^{35}$]

拆烟就是将从烤烟房中烤好取出来的烟从杆子上拆下，并整理分级存放（见图 5–1）。一般是男性从烤烟房中将烟叶取出，由女性承担拆烟的工作。

撒落花生壳壳 [$\c{c}ia^{213}lo^{21}fa^{33}s\tilde{e}^{33}k^ho^{21}k^ho^{21}$]

人们相信把花生壳放在路上，让行人踩踏，花生成活率就可以更高。所以到了种花生的季节，路上常常可以看见大堆花生壳。

图5－36 撒落花生壳壳

二　农具

锄头 [tɕie^{213}tʰəu^{33}]

锄头是农家的必备农具，家家都有。锄头长条形，面比较窄，着力面为月牙形。近年来出现了着力面较宽的锄头。挖地、松土和除草都用锄头。“锄头”也有些地方音为[tsʰɔ^{24}tʰəu^{55}]。

大锄头 [tʰo^{21}tɕie^{213}tʰəu^{33}]

钝锄头，多用于刨树根。为了方便携带上山刨树根，大锄头的柄比较短。

月刮 [vei^{21}kua^{33}]

月刮是用于收刮泥土、肥料等的工具，比锄头薄，着力面较锄头宽。

图5－37 锄头（1）

图5－38 锄头（2）

图5－39 月刮（1）

图5－40 月刮（2）

四齿刮 [sɛ^{55}tsɿ^{33}kua^{33}]

四齿耙，主要用于将圈肥从圈里拖出来，也用于拌泥浆。农村养鸭子，常常到地里挖蚯蚓喂鸭子。挖蚯蚓一般用四齿刮，可以避免将蚯蚓挖断。

图5－41 四齿刮

两齿刮 [liẽ^{55}tsɿ^{33}kua^{33}]

两齿耙，在给较窄面积的土地松土时用。

图5－42 两齿刮

扁子 [pã^{33}lə^{33}]

即扁担，是农家必备农具。扁担有木制和竹制两种，木制的扁担两头带茬，以防两边的箩筐等往外滑落；竹制的扁担则在两头带有凹槽。有的扁担带有绳子和铁钩，方便将比较短小的东西挑起来。木制的扁担都是用比较坚实的木料制成，一般人也做不好扁担，所以多数人家的扁担都是从市场上购买的。

扦担 [tɕ^{h}iẽ^{33}tã^{33}]

扦担，是挑柴的工具。也有些地方称之为“柴子棍”[ts^{h}a^{21}lə^{21}kuã^{33}]。扦担用一根整木做成，圆形，两头尖，没有茬，比扁担粗长。上世纪，煮饭炒菜主要是烧柴，所以家家都备有扦担，有的家庭有多根扦担。把柴砍好捆好后，先将扦担插入一头柴中，将这一头柴举起，再将扦担插入另一头柴中。扦担可能因此得名。砍柴的人多，近处山上的灌木基本上被砍完了，一般人不愿到太远的地方砍柴，就只能在近处的山上砍茅柴（蕨类植物居多）。茅柴一般用“挂牯绳子”[kua^{55}ku^{55}sə^{213}lə^{33}]捆扎。所以，扦担常与挂牯绳子配套，扦担上常年穿着“挂牯绳子”。扦担一般都是自己制作。现在多数人家烧煤较少上山砍柴，也越来越少使用扦担了。

图5－43 木扁子

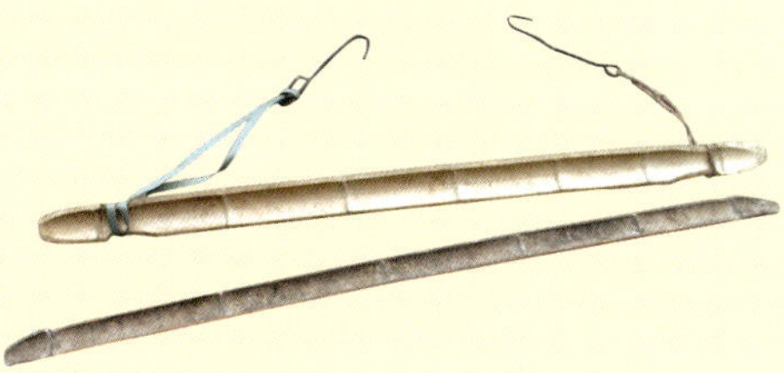
图5－44 竹扁子

图5－45 扦担

图5－46 撮箕

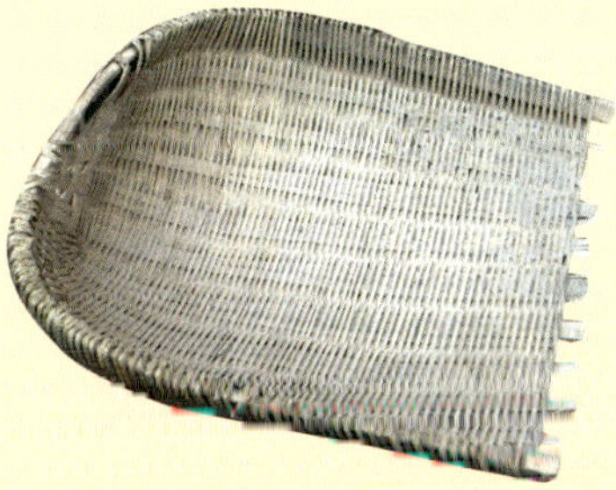

图5－47 筲箕

图5－48 围篮

图5－49 畚箕

撮箕 [ts^{h}ə^{213}tsɿ^{33}]

撮箕有两种，一种是用来撮垃圾的，日常用具部分已经介绍；另一种是用来撮谷物的。收集谷物的撮箕为斗形，比垃圾撮斗大，以铁皮制成。除了收集谷物，也用于将谷物送入风车，将仓中的谷物取出，等等。这种撮箕，没有提手。

筲箕 [sə^{35}tsɿ^{55}]

竹篾编织而成，形状像没有耳的畚箕，比畚箕稍小，用的竹篾比畚箕好。筲箕主要用于撮土，也用于收集晒场上的谷物，编织比较精细的筲箕也用来淘米。

围篮 [vɛ^{35}liã^{55}]

箩筐，竹篾编织，用于挑运谷物。箩筐上一般都穿上绳子，以便用扁担挑。两围篮谷子约一百五十斤，称一担；一围篮则称“一□”[liã^{33}]。

畚箕 [piã^{55}tsɿ^{55}]

底部是撮斗形，上有竹子做成的耳，也可用铁丝、绳子替代，便于肩挑。主要用于挑肥料、石头、沙子、菜、稻草等。畚箕是农家必备器具。

图5－50 火肥桶

图5－51 斧头

图5－52 樵刀

火肥桶 [fu^{33}vɛ^{35}t^{h}iã^{33}]

火肥桶是在给禾苗施肥时装火肥的桶。这种桶比较狭长，可以放在禾苗行间。现在已经不给禾苗施用火肥，所以这种桶已经极少见了。

斧头 [pu^{213}t^{h}əu^{33}]

用来劈柴，特别是将大根的树木劈成小块，以便烧火。多数家庭烧茅柴为主，茅柴不需要用斧头劈，所以并不是每家都有斧头。现在多数家庭烧煤，这种斧头就更少了。

樵刀 [ts^{h}ɿ^{24}tie^{35}]

樵刀比较厚重，整个刀面是直条形，前面稍有弯角，用于剖柴、砍树。宁远柴分为“块子樵”、“□子樵”[mẽ^{55}lə^{21}ts^{h}ɿ^{24}]、“茅樵”等。“块子樵”是将枞树等锯成约五十厘米一截，再用樵刀剖开，叠成井字形晒干。“□子樵”就是棍子柴，是一些小灌木。这两种柴称为“好樵”。“茅樵”则是夹杂灌木、蕨类植物的柴。砍“□子樵”和“茅樵”一般都用镰刀。

图5－53 块子樵

镰刀 [lã^{24}tie^{55}]

镰刀主要用于砍柴和割草，是农家必备的刀具。一般为月牙形，有木柄。

禾镰刀 [vu^{24}lã^{33}tie^{55}]

比镰刀小，有锯齿，用于割禾、割麦和割红薯藤等。

刮板 [kyn^{213}pie^{33}]

木制的用来聚拢和翻晒谷物的工具。晒谷时，谷子摊开的面积比较大。刮板的柄比较长，人持刮板翻动谷子时就可以不踩着谷子。

锹□ [tsʰɿ^{35}pʰi^{55}]

就是锹。

图5－54 镰刀

图5－55 禾镰刀

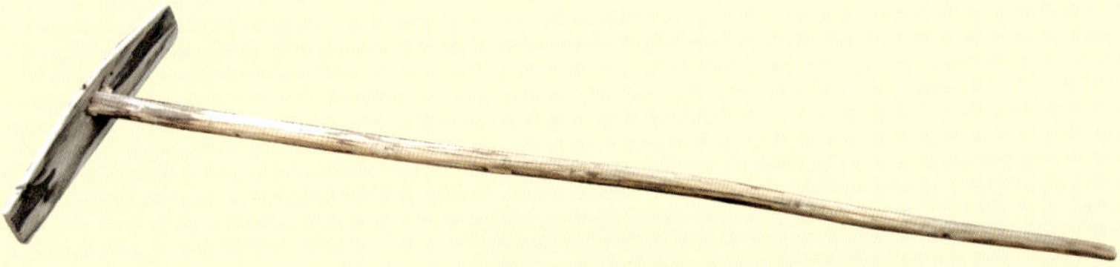

图5－56 刮板

图5－57 锹□[tsʰɿ^{35}pʰi^{55}]

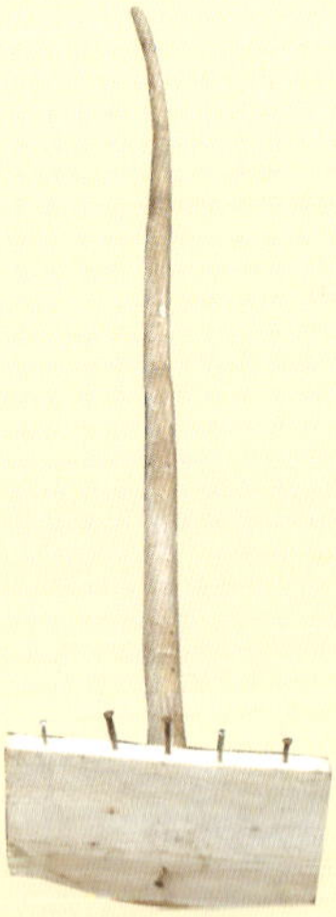

图5－58 薅田刮

薅田刮 [xe^{35}t^{h}ã^{24}kya^{33}]

薅田刮是用来薅田的农具。薅田刮前端是一块比禾苗间距稍小的木板，木板下端钉有铁钉。禾苗长到一定程度，禾苗间的杂草也长出来了，用薅田刮很容易将禾苗间的杂草除去。

图5－59 犁

犁 [li^{24}]

犁是最常见的农具，几乎家家都有。

耙 [p^{h}o^{24}]

有铁齿和木齿两种。铁齿的用于把粗大的泥块耙散，木齿的则主要是将田耙平。木制的耙常常套在铁齿的耙上，一起使用。

图5－60 耙

水车 [sue^{33}ts^{h}o^{55}]

水车用来将低处的水抽到高处的田地里。宁远的秋天特别是刚插下晚稻的时候，经常出现干旱，所以常常看见用水车抽水灌溉禾苗的场景。新世纪以来，很多农户不种晚稻，所以水车也就慢慢不用了。宁远只有手摇式水车。

图5－61 水车

图5－62 洪桶

图5－63 打谷机

洪桶 [xẽ^{24}t^{h}iã^{33}]

打稻子用，只有桶，没有滚轮。上世纪五六十年代比较常见，七八十年代被打谷机取代，现在已经不用。

打谷机 [ta^{55}ku^{21}tsɿ^{33}]

宁远的打谷机一般是脚踏式的。

风车 [fiã^{35}ts^{h}o^{55}]

图5－64 风车

风车在宁远农村很常见，但并不是每户人家都备有风车。稻子收割晒干，准备入仓储存，一般都会用风车将稻子中的瘪谷分离出去（平话称“车谷子”[ts^{h}o^{35}kɔ^{213}lə^{33}]）。用风车“车谷子”时，一人转动风车的风轮，一人往风车中送谷子。有时，还需要一人将晒谷坪上平摊的谷子聚拢。原来生产队有较大面积的晒谷坪，很多人在晒谷坪上“车谷子”，加上一些小孩也在这里玩，所以，早晚稻收割季节的傍晚，晒谷坪上风车吹谷子的场面十分热闹。现在，多数人都在自己家的屋顶上晒谷子，而且，车谷子包括聚拢摊开的谷子，有时由一人完成，所以这种热闹场面就不容易看见了。

连枷 [lã^{24}ko^{33}]

连枷是用来将豆子从豆壳中打出来的用具。连枷都由农户自己制作。一般用一根两米左右长的木棒做柄，柄的前端垂直伸出一截一尺左右的小木棒。小木棒上套一排编织在一起的小树枝（一般是茶树枝条）。

图5－65 连枷

图5－66 围筛

图5－67 枞毛刮子

图5－68 棚簟

围筛 [vɛ^{35}sa^{55}]

围筛比米筛稀疏，可以将禾穗、稻草中的谷子筛出来。人们也常常用围筛晒食品或者烘烤腊肉等。涨水的季节，将围筛拦在小沟里，可以捕鱼。

枞毛刮子 [tɕ^{h}yã^{24}mie^{24}kya^{213}lɔ^{33}]

竹子制成的带齿的刮子，用于收集枞树叶，也可以翻晒谷物。上世纪，人们常常在离家较近的山中收集枞树叶，用来烧水做饭。现在多数家庭烧煤，枞毛刮子主要用于翻晒稻子。

棚簟 [p^{h}iã^{24}t^{h}ã^{55}]

晒谷的簟子。上世纪，晒谷坪有限，人们就用棚簟晒谷子。棚簟用起来比较方便。宁远夏天中午常有阵雨。快下雨时，只要分别扯住棚簟的四个角一掀，谷子就聚在棚簟中央了。棚簟用完后可以卷起来收藏。现在多数人家都有了水泥板的屋顶，谷子晒在屋顶上，就很少用这种棚簟了。

三　手工艺

砌匠 [tsʰʅ55tɕʰiẽ21]

砌匠就是泥工，也称“砌匠师傅”。打地基、砌墙和盖瓦在宁远都属于砌匠的工作。上世纪，方圆几里有一两个砌匠，他们学成后在家等待别人约请，不脱离农业生产。现在很多人无师自通，砌匠就比较多了。在建筑活动中一般把砌匠称为大工，不会做砌匠活的工人（做搅拌泥浆、递砖等活）称为小工。

图5－69 砌匠

图5－70 泥刀（1）

图5－71 泥刀（2）

泥刀 [li^{24}tie^{55}]

砌匠用来涂水泥、泥浆的刀。有木制和铁制两种，木制的涂泥浆等，铁制的用于将泥浆抹平。

砌刀 [tsʰɿ^{55}tie^{55}]

砌刀是砌墙时用来砍削砖块的刀，铁制，刀把和刀面连成一体。砌墙时，也用这种刀敲击砖块，使之整齐。

图5－72 砌刀

泥桶 [li^{24}tʰiã^{33}]

砌墙时用来装运泥浆的小桶，高四十厘米左右，一般用塑料制成。

图5－73 泥桶

图5－74 吊锤

图5－75 砖盒子

吊锤 [ti^{55}ts^{h}ua^{33}]

坠子，圆锥体的铁砣。砌匠用来判断墙体的垂直性。

砖盒子 [tsuã^{35}xo^{21}lə^{21}]

制砖的模子。上世纪很多人建造泥砖房子，泥砖一般都是自己制作的，所以那时候砖盒子很常见。现在很少用泥砖砌屋子，建房子用的红砖都是到砖厂去买，砖盒子在一般家庭中也就很少见了。

石匠 [so^{21}tɕ^{h}iẽ^{33}]

石匠的主要工作是打凿石碑、石磨。原来磨米粉、豆子等都用石磨，现在用电动工具打豆子磨粉，也没有人添置石磨了。现在石匠的主要工作是刻碑石。

图5－76 木匠

图5－77 锥子

瓦匠 [o^{55}tɕ^{h}iẽ^{21}]

即泥瓦匠，主要工作是烧制瓦、缸和其他陶器。

木匠 [mɔ^{21}tɕ^{h}iẽ^{21}]

也称“木匠师傅”。以前，木匠带着手工工具走家串户做活。现在的木匠在自己家中做活，出售成品，或者直接进家具厂做工。木匠的工具也多改为电动工具。

锥子 [tsuɛ^{35}lə^{33}]

木匠的手工钻。

图5－78 推□[tʰo^{35}pʰi^{55}]

图5－79 锯

推□ [tʰo^{35}pʰi^{55}]

就是刨子。

锯 [tɕie^{55}]

即锯子。宁远的锯子有大有小，大的锯子需要两人共同拉扯锯木，小的锯子一人就可以操作。除了木匠外，也有不少家庭备有锯子。一般家庭的锯子，主要用来将木头横向锯断。将木头锯断，不同于将木头纵向锯成木板，锯成木板是需要技术的。

图5－80 马

马 [mo^{55}]

木马，三根木头支成。用于支撑木匠做工的木板，或者用于架木条以便锯成木板。现在木匠有比较坚实的工作台，已经很少用木马了。

篾匠 [mi^{21}tɕʰiẽ^{21}]

竹器都是小型的器具，篾匠主要是在自己家中做工，再出售成品。宁远的竹子较多，竹器的种类和数量都很多，篾匠一般只编织某一种竹器或者以编织某一种竹器为主。

图5－81 篾匠

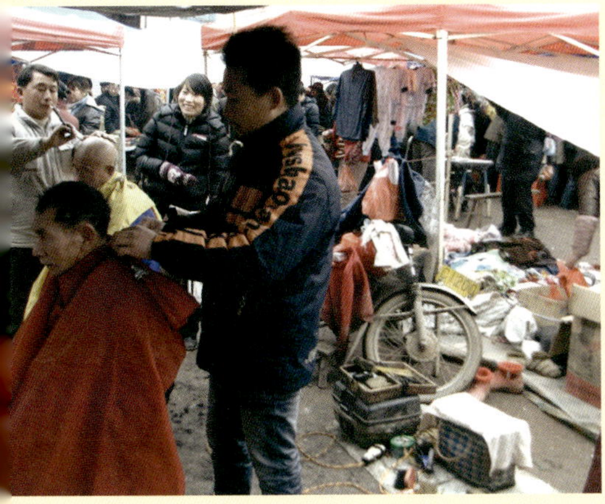

图5-82 剃毛毛

图5-83 衣铺子

剃毛毛 [tʰi³⁵mie³³mie³³]

“剃毛毛”即理发。理发师没有专门的名称，一般就称“剃毛毛的师傅”。他们要么在街上租用店铺，要么挑着理发挑子，到集市上或走家串户做生意。

衣匠师傅 [a³⁵tɕʰiẽ²¹sɿ³⁵fu³³]

衣匠师傅即裁缝。裁缝一般有自己的铺子，即“衣铺子”[a³⁵pʰu⁵⁵la³³]。从上世纪以来，裁缝的工具没有什么大的变化，主要的工具还是缝纫机、锁边机、皮尺、熨斗等。

补鞋子 [pu³³xa²⁴lə³³]

补鞋子的师傅没有专门的称谓。他们一般在街边做生意。

图5-84 补鞋子

图5－85 梳棕

图5－86 扯绳子

打棕绳 [ta^{33}tɕiã^{35}sə^{33}]

打棕绳就是用棕树叶鞘的纤维制作棕绳。砍柴特别是砍茅柴一般要用棕绳来捆扎，箩筐也要穿上棕绳，所以棕绳的需求量很大。打棕绳要捶棕、撕棕、梳棕、扯绳子、□绳子 [kie^{213}sə^{213}lə^{33}]几道程序，需要用到撩盘、梳、搞手、车子、马子等工具。打棕绳的技术一般在家族内部掌握，不外传。

梳棕 [sɔ^{35}tɕiã^{35}]

棕叶下包裹着茎的纤维成分一般称为棕，梳棕就是用“梳”将棕榈叶鞘的纤维梳散成一根根的丝。

扯绳子 [ya^{21}sə^{213}lə^{33}]

扯绳子就是用“撩盘”[liɔ^{21}p^{h}ã^{21}]将棕丝拧成一股小小的绳子。

□绳子 [kie^{213}sə^{213}lə^{33}]

做绳子的最后一道工序，将三股小绳子捻成一股较大的棕绳。需两个人配合，一人用“搞手”[kɔ^{55}səu^{55}]，一边搅动“搞手”，一边随着“马子”[mo^{55}tsɿ^{33}]稍稍向前移动。另一人使用“车子”[ts^{h}o^{35}tə^{33}]，工作中“车子”不移动。双方同时搅动机器，“马子”则不断移动，将小股棕绳合成大股的绳子。做绳子在家庭内部完成，一般男性操作“搞手”，女性操作“车子”。

图5－87 □绳子[kie^{213}sə^{213}lə^{33}]

跌被絮 [t^{h}ie^{21}p^{h}a^{55}çie^{21}]

“跌被絮”即制作棉被，也称“跌棉花”。制作被絮包括弹棉花、搭纱、压棉花等很多程序。上世纪，弹棉花的师傅没有专门的铺面。到了秋天，他们就会带着工具到各乡村招揽生意。一旦有生意，就借一块地方铺开工具，开始工作。他们只收加工费。现在，弹棉花的师傅设有自己的门面，不但加工，也出售棉被。

图5－88 压棉花

补炆铛 [$pu^{33}vã^{24}tɕ^hie^{55}$]

补炆铛就是补锅。上世纪的菜锅、饭锅都是铁制的。补锅的师傅除了在集市上摆摊设点外，也挑着工具到村子中补锅。现在已经没有人下乡到村中补锅了。锅子漏了，人们都要自己带到集市上找补锅师傅。说是补锅师傅，其实他们也不补锅，只是换锅底，即将漏的锅底锯掉，再将新锅底焊接上去。

□铁 [$to^{33}t^hi^{213}$]

即打铁。铁匠将铁打制成刀、锄头、铁夹等各种工具。现在多数铁器都在商场买，铁匠的生意较少。

图5－89 补炆铛

图5－90 □铁[$to^{33}t^hi^{213}$]

四 商业

闹子 [lɔ²⁴tsɿ⁵⁵]

集市，一般设在乡镇政府驻地，工商部门规定每个乡镇的集市日（按农历）。宁远各镇的集市都是上午八九点“起闹子”[sɿ³³lɔ²⁴tsɿ⁵⁵]（成市），下午两三点“散闹子”[ɕie⁵⁵ lɔ²⁴tsɿ⁵⁵]（收市）。大的集市，很早就“起闹子”，下午很晚才“散闹子”。也有的持续时间很短，如保和的集市就被称为“狗蚤闹子”[kəu³³tɕie⁵⁵ lɔ²⁴tsɿ⁵⁵]。

多数市场都是综合性的，各种商品都有出售。理发、看相算命的，都会在“赶闹子”这一天来到市场做生意。综合市场也有分区，如菜行、米行、鸡行等，多数分区是自然形成的。宁远也有专业的市场，如宁远天堂镇的牛市比较有名。前来“赶闹子”的不仅有本地的居民，也有从外地赶来的生意人。

图5－91 闹子

赶闹子 [kiẽ^{33}lɔ^{24}tsɿ^{55}]

图5－92 赶闹子

赶闹子就是赶集。改革开放前，除了一些年轻人或者小孩到集市上看热闹外，多数人赶集前已经计划好买卖。现在农村事务相对来说少了，大家有事无事都愿意到集市上走一走。

赶集忌讳“打倒”（出门就返回），特别是准备出售商品的人。如果已经出门，但还有东西忘了带，就请家人递过来，自己只能在原地等待。人们相信，如果出门就“打倒”，当天的商品肯定销售不出去，或者成交量很少。卖东西忌讳第一个客人问价不还，一般认为这样会导致整天生意不好。有时候第一个客人还的价格比较低，但为了开个好头，卖者会忍痛割爱。所以赶集特别是刚成市的时候，不准备买就不能随便问价，否则容易引发冲突。

菜行 [ts^{h}ia^{55}xẽ^{33}]

菜行是市场上专门卖肉的区域。

图5－93 菜行

铺子 $[p^{h}u^{55}lə^{21}]$

即店铺，一般在集市街道两侧。

代销点 $[tɛ^{24}ɕiɔ^{33}tiẽ^{55}]$

图5－94 代销点

小商店。不设集市的村子，为了方便人们购买小商品，人们在自己家中（一般是在村口或者在路口）设代销点销售日常用品。代销点一般出售低档酒水饮料以及香烟、食盐、糖果等副食。代销点全天营业。设在村子里的代销点，不一定每天坐店营业，需要购买的人，一般选择中午等休息时间购买。由于是同一村子或者邻近村子，互相间很熟，所以如有急用，可以将在田野中劳作的店主人找回来。代销点从上世纪七八十年代开始出现，现在几乎每个村子都设有代销点。“代销点”是来自官话的借词。

摊子 $[t^{h}ie^{35}lə^{33}]$

市场上的服装行、肉行，一般由市场管理处提供专门的摊位，这种摊位一般是用水泥和红砖砌成的一个台面。其他行都需要经商者自己摆设摊子。街道两边，有很多简易摊位，两张长凳架上木板，货物就摆在木板上出售。也有人将货物直接摆在地上出售。农家出售自己的农产品，一般用畚箕、箩筐、篮子等装着货物，摆在街道两边出售。

图5－95 摊子

图5－96 地摊

拨罗拨罗 [$po^{33}lo^{33}po^{33}lo^{33}$]

“拨罗拨罗”就是货郎鼓，也代指货郎。货郎鼓一般下乡时才使用。使用“拨罗拨罗”的货郎，主要出售饰品和零食。现在货郎下乡到村中叫卖的比较少了。

秤 [$ts^{h}\tilde{a}^{55}$]

秤有多种，最常见的是有盘的杆秤和无盘的杆秤。另有一种大杆秤，用来秤重量大的货物。集市上，米行、小猪行一般都由市场管理处提供大杆秤，专门为交易双方提供服务，并收取服务费。大杆秤一般悬挂在市场的梁柱上，秤重量时不需要人提着。

上世纪六七十年代，有十六两的秤，现在基本不用。为了避免购物时被短斤少两，一些人还自备弹簧秤，现在已经很少看见。另有天平式的秤，从新世纪起就开始在宁远的市场上流行。

在宁远的官话中，“秤”和“欠”同音。为了避免在大年初一说“欠”，除夕晚上，要将秤藏在不容易看见的地方。

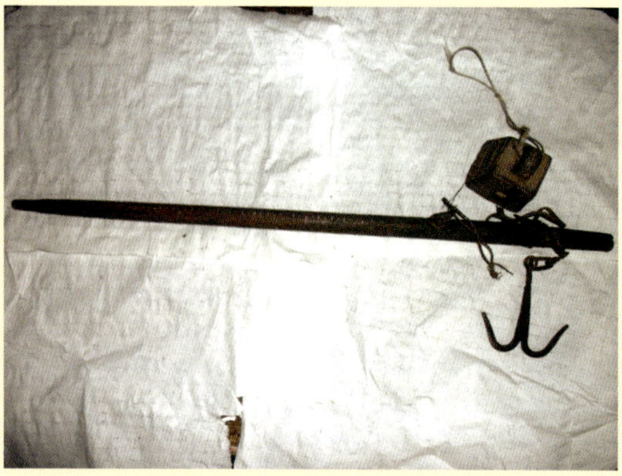

图5－97 秤（1）

图5－98 秤（2）

五　其他行业

烧炭 [sɿ^{35}t^{h}ie^{55}]

烧炭都是业余的。农历十月开始有人进山烧炭。烧炭的人就地砍柴并筑炭窑烧炭，炭烧好后再挑到市场上出售。

炭窑 [t^{h}ie^{55}ɿ^{24}]

人们在山上砍柴的地方就近挖建炭窑。

笠头窑 [lɛ^{21}t^{h}əu^{33}ɿ^{24}]

小型炭窑，外观像斗笠。这种炭窑一般只用一年，用完就废弃了。

图5－99 挑炭

图5－100 笠头窑

木头窑 [mɔ^{21}t^{h}əu^{33}ʅ^{24}]

大的炭窑形状如“木头”（棺材），称为“木头窑”，一般可以连用几年。

马叉 [mo^{55}ʦ^{h}o^{55}]

临时做成的烧炭背柴的简易工具，一根短木棒，两头绑上树杈，柴就放在树杈上。

下网子 [xo^{55}mẽ^{55}ʦʅ^{33}]

“下网子”也称“下网”，就是将渔网放在河流中捕鱼。一般头天晚上下网，第二天早晨收网。宁远的小河很多，小河河面时宽时窄，水时深时浅。所以，多数人都坐汽皮船下网。

图5－101 木头窑

图5－102 马叉

图5－103 下网子

图5－104 □筍 [$xɔ^{21}kəu^{33}$]

捞鱼 [lɔ[illegible]ŋɔ[illegible]]

用夹网、虾篓等捕鱼。捞池塘中的鱼，一般先将池塘中的水放出，待水已经放不出去（出水口高于池塘最低点）时，再将池塘中的各种鱼全部捞起，一些幼小的鱼则根据需要另外找地方放养。也可以用夹网等在河沟中捉鱼。

装鱼 [$ts\tilde{e}^{35}ŋɔ^{24}$]

把鱼篓等放在水中，等待鱼虾入篓。这种鱼能进不能出的鱼篓，宁远称“□筍”[$xɔ^{21}kəu^{33}$]。宁远春天涨水时，不少人，特别是中小学生，用较大的篓子挡在河、沟中，口子朝上或者朝下，等待被水冲下或者逆水上窜的鱼。也有人将小型的竹器半埋在水田中，用蚯蚓等做饵料，诱捕泥鳅、黄鳝，这种诱捕一般是傍晚下套，第二天早晨收起。为了方便找到，往往在下套的地方插上草标。

照鱼 [tʂʅ^{55}ŋɔ^{24}]

照鱼是晚上在水田中捉熟睡的鱼。照鱼一般在早稻插秧之前进行，主要是捕捉泥鳅、黄鳝等。用油灯、电筒或者用枞膏浆（将松树上含有松脂的木片削下，放在背篓中作为燃料。照鱼时，用铁丝做成一个笊篱，木片就放在笊篱中燃烧照明）照明，在清水田中寻找睡熟的鱼，并用夹子将鱼夹起。夹子一般是钝剪刀；将刀刃磨钝，避免将鱼剪断，再锯几道齿，就可以将鱼夹紧，防止鱼滑落。

照鱼和装鱼，都是小规模的，每次的收获一般不超过五公斤，而且有季节性，所以照鱼都是业余的。现在用打鱼机打鱼，已经很少有人在晚上照鱼和装鱼了。

□ [ts^{h}uã^{21}]

用来捕鱼的网。这种网即撒即收。

图5－105 丝网

丝网 [sʅ^{35}yẽ^{33}]

放置在河中捕鱼的网。

夹网 [ka^{213}mẽ^{33}]

夹网用于捕捞小河或水较浅的池塘中的鱼。

虾篓 [xo^{35}ləu^{55}]

捕鱼虾用的竹器。在浅水中捕鱼虾，双手握住虾篓的前后，捞着鱼虾即提起。

图5－106 夹网

图5－107 虾篓

图5－108 把子

把子 [pa³³lə³³]

捕鱼时装鱼虾的竹器，有狭小的颈，可以别在腰间。也用来装青蛙、蚱蜢等（喂鸡和鸭）。

鱼塘 [ŋɔ²⁴tʰẽ³³]

用来养鱼的塘，有的是自然形成的，也有人工挖出来的。除了在塘里养鱼，人们也在田中养鱼。一般塘中养草鱼、雄鱼、鲤鱼、鲫鱼等，田中只养鲤鱼和鲫鱼。现在池塘中开始养一些其他鱼种。

饼子 [pio³³tə³³]

农家用蓼草、艾叶等做成的酒曲。白色，球状。

图5－109 饼子

酿酒 [liẽ^{21}tɕiəu^{33}]

宁远常用糯米、红薯酿酒。用糯米酿酒，蒸熟的糯米冷却后，洒上融有“饼子”粉的水，再放进缸中，抚平，并在面上留一个凹槽。到第二天凹槽中就会有酒。据说，已故老人的灵魂触摸后，糯米就变馊而不会变酒。为防止变馊，就在表面涂上锅灰，插上草标。糯米酿酒，成酒后就可以饮用。

用红薯酿酒，事先将红薯煮熟，将“饼子”粉和着煮熟的红薯，搅拌均匀，冷却后装进缸。二十几天后，就可以取出来蒸酒了。蒸酒后的红薯也称酒糟。有一些农户用米或者谷子酿酒后蒸酒。

蒸酒 [tsã^{35}tɕiəu^{33}]

用酒糟蒸酒。客人较多的人家，一年蒸酒数次。蒸酒可以在家中，也可以在空旷地方砌灶进行。多数人家在腊月蒸酒，所以到了腊月，农村蒸酒的场面十分常见。

将发酵后的红薯“酒糟”[tɕiəu^{33}tɕie^{33}]放进“灶铛”[tɕie^{55}tɕʰie^{55}]中，上用“罩缸”[tɕʰiã^{55}kẽ^{55}]盖上，“罩缸”两头有圆孔通过“过江龙”连接“竖缸”[tuã^{55}kẽ^{55}]。竖缸分两层，上面一层容量大，用来装冷水，下面一层容量小，酒蒸汽在下层冷却成酒。竖缸另一头用器具接着冷却后流出来的酒。这种酒，宁远叫“烧酒”[sɿ^{35}tɕiəu^{33}]。蒸酒后的酒糟就是“酒糟皮”[tɕiəu^{33}tɕie^{55}pʰa^{33}]。酒糟皮可以用来喂猪。

图5－110 酿酒

图5－111 蒸酒

摘茶籽 [tso^{213}tsʰo^{24}tsɿ^{33}]

茶籽用来榨茶油。宁远茶树较多，山上、山坡都可以种茶树。过了霜降，就可以摘茶籽。

榨油 [tso^{55}iəu^{24}]

榨油主要是榨茶油。也榨花生油、菜籽油。榨茶油工序比较多。先将茶籽放在槽中，用碾子碾碎成粉，碾子一般用牛拉。再将碾碎的茶籽粉放在甑子中蒸熟，并倒入铁箍子中做成饼状的“枯”。铁箍子的内侧围有稻草，利用稻草将茶籽粉包起来，铁箍子起固定的作用。因为包成“枯”的过程中，要用脚踩，所以称“□枯”[ləu^{21}xɔ^{35}]。将铁箍子放进“油榨”中，一个一个叠置在一起，一侧顶住，另一侧用大柱头舂打，就可以将油榨出来。这是手工的榨油。从新世纪起，旧的油榨坊就停止使用了，现在榨油都用机器。

图5－112 □枯[ləu^{21}xɔ^{35}]

图5－113 打铳

□枯 [ləu^{21}xɔ^{35}]

即踩枯，将已经碾碎、蒸熟的茶籽，放进铁箍中，踩成一个一个的饼（以便榨油）。上世纪，榨油都是手动的。现在从碾到榨，都用机械，榨油工作一个人就可以完成。

打铳 [ta^{33}tsʰẽ^{55}]

也称“打野物什”[ta^{33}lio^{55}va^{21}sɿ^{33}]，就是用铳捕杀野兽。农闲时候，同一个村子或不同村子之间的村民就组织起来，到山中捕杀野兽。捕杀的工具一般是铳。捕杀野兽，会带猎狗去。宁远的规矩，捕杀野兽，打中第一枪的人分得猎物的一腿（约四分之一的肉），剩下部分其他人平分，猎狗的主人多分一份。宁远还有见者有份的说法。猎物被打伤后，还继续逃一段路，如果猎物不是被打猎的人找到，而是被别人找到，找到猎物的人也要分到一份。

上世纪，宁远烧柴，附近的山中树木都被砍伐，野兽较少，打猎往往空手而回，宁远有“捞鱼打铳，十有九空”的说法。现在，山中的树木长起来了，野兽也多了，打猎一般都有收获。不过，现在多数年轻人在外地务工，很少打猎了。

夹子 [ka^{213}lə^{33}]

大型的用来夹野兽，小型的用来夹老鼠。

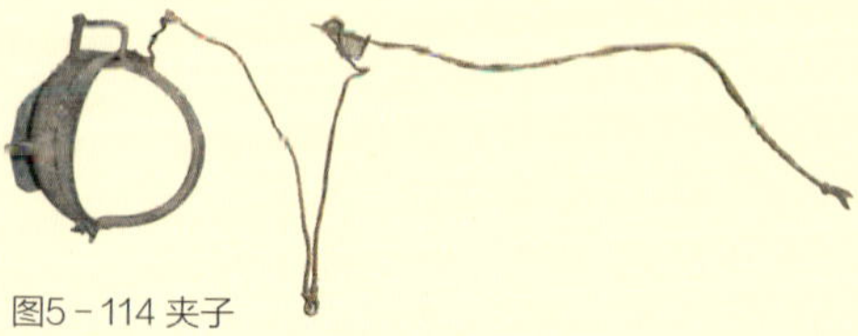

图5－114 夹子

图5－115 炸粑粑

图5－116 打钱纸

炸粑粑 [tsʰa²¹³pa³³pa³³]

宁远县城和乡镇集市有人专门做油炸粑粑出售。用糯米粉做成粑粑，现做现卖。在县城，他们常常在比较固定的场所即做即卖。乡镇的集市上，偶尔也有一两个人做这种生意。买主一般将油炸粑粑作为零食吃。

打钱纸 [ta³³tsʰã²⁴tsɿ³³]

打钱纸就是凿纸钱，即在高边纸上凿出三排共二十七个同样的痕迹。人们认为，只有凿过的纸钱才能在阴间流通。上世纪七十年代前，人们都是买回高边纸自己手工凿纸钱，现在有人用机器凿好纸钱后出售，一般人就买现成的纸钱了。宁远很多日子和活动需要烧纸钱，纸钱的销售量较大，特别是清明节期间、七月半前后以及十二月里。

刺花 [tsɿ⁵⁵xʊ³⁵]

刺花就是刺绣，近年来才出现。一些人从工厂将印有图案的布料领回家中，有空时刺绣，绣好后再交给工厂，赚取加工费。

图5－117 刺花

陆·婚育丧葬

图6－1 请水

宁远的婚育习俗在近半个世纪里发生了很大的改变。婚事的变化总的来说是向城市趋同，一是男尊女卑的陋习逐渐被摒弃，特别是新娘刚到男方家时的“下马威”从上世纪八十年代后逐渐改变，新婚真正成为男女双方的喜事；二是习俗的程序大大简化，原来的说媒、对面（相亲）、对八字、订婚等程序逐渐被取消；三是嫁妆和聘礼以及前来庆贺的亲朋好友的礼品越来越简单；四是开始穿婚纱，拍新婚照；五是庆宴，原来都是在自己家中进行，请人做饭菜，现在不少人选择在饭馆里招待客人。生育、生辰的习俗也与城市趋同。

宁远的丧事习俗改变不大。丧事活动的程序基本保持，活动的内容略有增加，跪拜只有在丧事中得以保留。农村依然实行土葬，而且对丧事十分重视，把隆重地办丧事看成是对老人的孝敬，丧事有越办越铺张的趋势。丧事活动中，族权得到了充分的体现。老人去世后，孝子首先要请来主持丧事的经理。主持丧事的经理一般是长辈或者在族内有威望的人。请来主事的经理后，其他诸如做花圈、做孝棍、招待客人（丧事不安排客人住宿）等事务就全由经理安排和处理，孝子就一心一意守孝，并在法师的指挥下，完成法事各个环节的活动。丧事活动中需要派活时，族内任何人不得拒绝。不管是否通知，亲朋好友得到消息都会去吊孝。有公厅的村子，丧葬仪式一般在公厅举行，没有公厅的村子，仪式一般在长子的客厅中举行。

一　婚事

媒人 [$mə^{24}ŋ^{33}$]

上世纪有一些擅长于说媒的“媒婆”[$mə^{24}p^hu^{33}$]，媒婆都是四十岁以上的已婚妇女。媒婆从提亲、对面、访家、合八字、订婚到打花烛、接亲，不断地在男女双方间联络和协调，是促成男女结婚的主要人物。改革开放后，青年交际面扩大，自由交往增多，多数男女不再需要媒人说媒。即使有人介绍，媒人也往往是男女方的同学或者朋友，而且一般只是介绍认识，不再像原来的媒人那样在整个婚姻的促成中起联络协调作用。守旧的家庭，即使男女双方自由恋爱，也会请中人按照程序走走形式。

做媒 [$tsə^{55}mə^{24}$]

即提亲，也称“当介绍”[$tẽ^{35}ka^{55}sɔ^{21}$]。

送媒 [$ɕiã^{55}mə^{24}$]

即谢媒，也称“洗媒”[$sɿ^{33}mə^{24}$]。“媒”和“霉”同音，人们认为，做媒成功后，媒人的运气会受到影响，所以，结婚后的夫妻要提公鸡等礼品到媒人家答谢，并放鞭炮表示洗去“霉气”（霉运）。

对面 [$to^{55}mã^{21}$]

即相亲。在媒人的安排下，男女青年见面认识。“对面”的地点由男女双方提出，经过媒人协商确定。

访家 [fẽ^{33}ko^{35}]

女方亲戚到男方家考察。一般前去考察的人都是女性，如女方的姑姑、嫂子等。如果男方比较满意，就会给来“访家”的人每人一个红包。女方满意，就会接受红包；女方不满意，回去后就会将红包交给媒人退回男方。男方如果不满意，就不会给来“访家”的人红包。改革开放后，只有媒人介绍认识的男女才有“访家”这一程序。

对八字 [to^{55}pia^{213}tsʰɿ^{21}]

即“合八字”，就是请八字先生根据男女双方的生辰八字来测算，看他们的命运是否冲突，从而决定是否成婚。现在只有少数经过介绍认识的青年男女才“对八字”。

定日子 [tʰio^{21}ŋ^{21}tsɿ^{33}]

男女双方家长商量确定订婚和结婚的日子。

去道理 [xɔ^{55}tʰie^{55}lɛ^{21}]

结婚前，男方给女方家送聘礼。现在比较少见。

打花烛 [ta^{33}xo^{35}tɕie^{33}]

接新娘的前一天，男方到女方家送礼称打花烛。打花烛一般要用抬盒装礼物。礼物主要是鸡、鸭、鱼、肉以及烟酒等，有的还将现金摆放在抬盒中。双方家庭距离较近的，一般晚饭后返回；距离较远的，则当天住新娘家。现在已经将打花烛和上门合二为一，即在结婚的当天将礼物送到新娘家，并顺便将新娘子接回来。

图6－2 打花烛

图6－3 嫁妆

嫁妆 [ko⁵⁵tsẽ⁵⁵]

一般有被褥、衣物、日常用品，以及九只碗、棉花籽、女贞树枝等具有特定意义的物品。嫁妆在结婚的当天随新娘一起走，由男方负责抬嫁妆。

上歌堂 [sẽ⁵⁵ku³⁵tʰẽ⁵⁵]

结婚前一天晚上，新娘的好友聚集到新娘家，通过唱歌的形式为新娘送别。新娘的嫂子、婶子会轮番端来果品和茶，献给唱歌的姑娘们，称为“上歌堂”。“上歌堂”时，新娘的婶子、嫂子一般拿姑娘们开玩笑：“今天我嫁妹妹（侄女），明年嫁你们！”姑娘们则顺手将茶水洒向婶子或者嫂子以回应。唱歌一般持续到深夜。上世纪七十年代后唱歌和上歌堂这个环节就逐渐被取消。

哭嫁 [xɔ²¹³ko⁵⁵]

在新娘的好友唱歌结束离开后，母亲开始边哭边教出嫁的女儿。由于想到女儿嫁到夫家后受苦受累，母亲往往泪水涟涟。哭嫁内容主要是教育女儿嫁到夫家后如何为人妇，诸如勤俭持家，孝顺公婆等。哭嫁有时持续到天明。现在，男女平等，结婚是真正的喜事，已经没有人哭嫁了。

图6　4 抬盒

抬盒 [t^{h}ia^{24}fu^{21}]

打花烛和送嫁妆的担子，由两人抬着。抬盒从男方家出发。打花烛时，抬盒中放有鸡鸭烟酒等礼品。礼物送到新娘家后，抬盒留在新娘家。结婚的当天，新娘家将嫁妆放在抬盒中，由男方接亲的人抬回。

饿嫁 [ə^{21}ko^{55}]

新娘结婚的当天，在娘家不吃饭。这种风俗，原意是让新娘到婆家后，能吃得苦，受得累。现在，饿嫁的风俗还在少数村子保留着。

发轿 [fia^{213}ts^{h}ʅ^{24}]

也称“接亲”[tsʅ^{213}tɕ^{h}iã^{35}]，男方抬着轿子动身到女方家接亲。双方家距离较远的，接亲和打花烛一同进行；距离近的，则头一天打花烛，当天返回，第二天再发轿接亲。现在农村已经有人用汽车接亲了。虽然没有抬轿子，但动身到女方家接新娘仍有人称“发轿”。

拦新妇娘娘 [ye^{24}ɕiã^{35}fu^{33}liẽ^{33}liẽ^{33}]

即拦新娘。在接亲路上，经过村庄、桥梁时，人们拦住接亲的队伍，要新郎发给红包再放行。新郎、新娘一般会很大方地给每人发一个红包。上世纪七八十年代，红包大约两毛钱，进入新世纪，红包大多数是一块钱。

图6－5 接亲

图6－6 拦新妇娘娘

图6－7 背新妇娘娘

图6－8 拦门

背新妇娘娘 [po^{35}ɕiã^{35}fu^{33}liẽ^{33}liẽ^{33}]

现在接新娘都用小汽车。接亲的队伍行至桥梁时，众人故意逗着新娘新郎玩，借口桥梁承受不了太大的重量，要求新娘下车，新郎就只能抱着新娘过桥。新娘下车时，有金童玉女举着红伞，托着婚纱。

拦门 [ye^{24}miã^{24}]

新娘到达新郎家门口，新娘的兄弟在门口拦住，待新郎给了红包后才放新娘进入。原来拦门会反复索要红包，现在一般只是作为一种形式，不论新郎的红包中钱多钱少，只要新郎有所表示就放新娘进入。

红包 [xã^{24}piəu^{55}]

拦门时，新郎需要给拦门的小舅子等红包。红包可大可小。

新妇娘娘 [ɕiã^{35}fu^{33}liẽ^{33}lie^{33}]

即新娘，打扮比较漂亮。上世纪，新娘没有特殊的服装，只是穿比较漂亮的新衣服。现在新娘在出嫁的当天盘头发，穿婚纱，戴红花。

新姑丈 [ɕiã^{35}kɔ^{35}tsʰẽ^{55}]

即新郎。

图6－9 新妇娘娘

摆酒 [pia^{33}tɕiəu^{33}]

宴请亲戚朋友。新娘家宴请在结婚前一天晚饭开始，结婚当天早餐为“正酒”(最丰盛)。新娘家宴请主要是感谢亲朋好友，所以一般到新娘家的客人，不需要带很多礼物。所带的礼物一般是给新娘作为嫁妆。新郎家宴请客人，结婚的当天中餐为“正酒”。前来庆贺的亲友要送礼物，特别是新郎的舅舅要送比较丰厚的礼物。男方到女方接亲，中午赶回家吃午饭，女方送新娘的，一般在男方家吃了午饭后必须返回。

请酒 [tɕʰio^{33}tɕiəu^{33}]

在新婚的酒宴上，新郎和新娘给前来祝贺的亲朋好友敬酒，称为“请酒”。新郎新娘请酒时，客人要赠送红包，不过红包中的钱可多可少。一般新郎的舅舅给的钱比较多。上世纪五六十年代，给红包时，会有人当场打开，并大声唱出谁给多少钱。现在，有时也会给红包，但不当场打开。

红□□ [xã^{24}kʰa^{21}kʰa^{21}]

即红蛋。女方家一般准备红蛋，由媒人及新娘的兄弟掌管。媒人掌握的红蛋，主要在送亲路上散发给来接亲的人；兄弟掌管的红蛋，锁在皮箱内，到达新郎家后交给新娘子，用来答谢男方的亲朋好友。一般认为，得到主人送给的红蛋会行好运，所以，参加婚宴而没有收到红蛋的客人，会向主人索取红蛋。

铺床 [p^{h}u^{35}ts^{h}ẽ^{24}]

上世纪，家长要选定一个中年妇女给新郎新娘铺床。铺床要选那些命好，即父母双全（父母都健在），兄弟姐妹全，儿子女儿全的人。在乘轿子的时代，要由牵新娘下轿子的人来铺床。那时候，铺床后，新郎家要送给铺床的人一个红包。人们认为，铺床时就将自己的好运分给了新娘，所以，新娘要将铺床人拜为“亲亲”（干妈）。以后每年正月要给“亲亲”拜年，“亲亲”生日要送礼。现在一般都不再请人铺床。

滚床 [k^{h}ã^{21}ts^{h}ẽ^{24}]

新床铺好后，家族中的妇女抱着小男孩，放到新铺的床上滚一滚，意为早生贵子。滚床后，新郎家会给小孩一个红包或者红鸡蛋。现在滚床，都是小孩自己在床上闹着玩，男孩女孩都去滚。之后，还闹着要红包。

上门 [sẽ^{55}miã^{24}]

上门，即结婚第二天，新婚夫妇到娘家。新女婿上门，进门前要放鞭炮。听到鞭炮声后，岳父母会派人迎接，新人会给迎接的人红包。新女婿告别时岳父母一般要送礼品。宁远有“若要富，岳父一条裤”的说法，岳父要送一条新裤子给新女婿。上门时，娘家一般要宴请亲友。

回门 [fə^{24}miã^{24}]

新婚第三天，新娘家派人（一般是新娘的弟弟）将新娘接回，这就是“回门”。新郎上门带有一公鸡一母鸡。公鸡当天宰杀，母鸡留着。新娘的弟弟带这只母鸡接新娘回门，接新娘回门的这只母鸡留在婆家作为种鸡，不能宰杀。回门的新娘在娘家至少住三天才回婆家。从上世纪九十年代开始，婚前的订婚、打花烛等很多程序都被省略了，但是上门和回门一般不省略。

二　生育

四两人 [sɛ^{55}liẽ^{33}ŋ^{24}]

指孕妇。改革开放前，孕妇受到很多限制。人们认为，孕妇身上不干净，所以孕妇不能随便到他人家，否则他人遇到不顺利的事情就会怪罪孕妇。人们甚至认为，有孕妇经过，饭不管怎么烧也烧不熟，水不论怎么烧也烧不开。所以，烧饭烧水时，有孕妇经过，就要在锅盖上放一把刀，据说可以避免受到影响。孕妇不能抱婴儿，否则会导致婴儿走胎（走胎见下文“捆胎”）。改革开放后，这种认识逐渐被抛弃。

官话称孕妇为“四眼人”，意思是孕妇除了自己有两只眼睛外，腹内胎儿还有两只眼睛。平话的“四两人”，疑为“四眼人”的音变。平话的“眼”音[lie^{55}]，“眼人”与“女人”音同，可能是为了避免同音冲突，音变为[liẽ^{33}]。

催生 [tsʰuɛ[illegible]ɕle[illegible]]

催生是岳母带公鸡等礼物到女婿家来看望快分娩的女儿。

报江 [pie^{55}tɕiẽ^{35}]

女婿到岳母家和其他亲戚家报告小孩出生的消息，一般是小孩生下后第二天“报江”。“报江”时要带猪肉，生男孩则在猪肉外加猪小肠，生女孩不加猪小肠。“报江”也是请岳母来“喝酒”，所以如果不准备请“三朝酒”的就不“报江”。“报江”时，岳母家会回馈一只公鸡，其他亲戚则馈赠鸡蛋，六个、九个或十二个，数量不等。

打三朝 [ta^{33}so^{35}tsɛ^{55}]

为新生儿庆生被称为“打三朝”，一般在新生儿出生后第三天举行。前来庆祝三

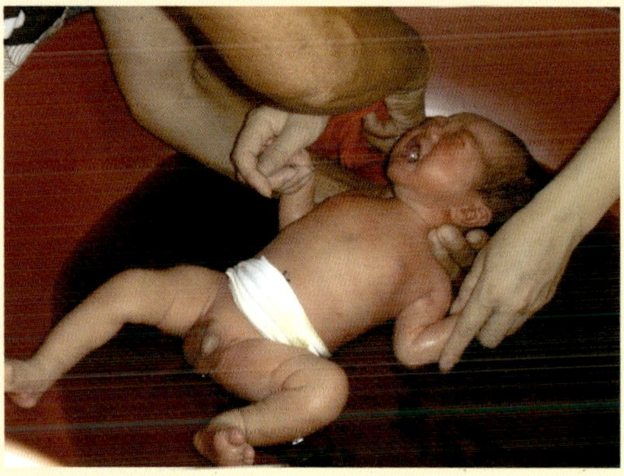

图6－10 洗三朝

朝的一般为女性。三朝的礼物比较厚重，岳母家会送给新生儿一全套服装，包括帽子、汗衫、夹衣、棉背心、棉袄、风衣、裙（婴儿用的浴巾），还有毛毯，此外，还至少带一只母鸡和一只公鸡。其他亲戚除了给新生儿的见面礼外，还需要带一套衣服、鸡、蛋等物品。宁远有“垫生日，赚三朝”的说法。三朝的“正酒”在中午，客人离开时，主人要送给客人猪肉（称“篮子菜”）、红蛋等作为回礼。三朝办的酒宴称“三朝酒”[so^{35}tsɛ^{55}tɕiəu^{33}]。现在，参加三朝酒的既有男性，也有女性。

洗三朝 [sɿ^{33}so^{35}tsɛ^{55}]

小孩出生后，每天早晨都要洗澡，直到小孩半岁到一岁。一般认为，初生儿长得快，汗水也多，所以每天早上要给他洗澡。出生后第三天的洗澡，称为洗三朝。洗三朝的水是用祛风和防感冒的草药熬出的水，熬水时还用鸡蛋。熬洗澡水用的鸡蛋，要在新生儿脸上滚一滚，意为“滚下一年”（滚一滚一年就过去了，即过得很顺利），再将鸡蛋分给其他小朋友吃。据说，鸡蛋分给了其他小朋友吃，则新生儿长大后不会吝啬。

治白娘娘 [tso^{33}p^{h}o^{21}liẽ^{33}liẽ^{33}]

小孩患脐带风，迷信认为是被“白娘娘”抱了。被白娘娘抱了的婴儿，不管白天黑夜，不管饱饿，都哭个不停。治疗时，要用鸡毛烧水给婴儿洗澡，再用黑布裹着婴儿的身子。鸡毛烧的水有腥味，据说，这种腥味逼出了婴儿身上的邪气，被逼出的邪气以白毛的形式，沾在了黑布上。

图6－11 治白娘娘

坐月子 [$ts^{h}ə^{55}uei^{213}tə^{33}$]

产妇坐月子忌出门吹风，不吃酸的食物。产妇坐月子期间，享受特殊待遇。不管家里有多困难，刚生下小孩的几天里，一般每天都要给产妇吃一只鸡，以补充营养。打三朝的时候，娘家送来一些鸡，也是给产妇吃的。

剃胎毛 [$t^{h}i^{55}t^{h}ia^{35}mie^{33}$]

新生儿第一次剃头。理发师给新生儿剃胎毛，一般不按照常规收费，家长会主动给一个红包，红包中的钱比正常理发的钱多。

对岁 [$to^{55}suei^{55}$]

庆贺小孩一周岁。人们认为，在满周岁这一天对岁不利于小孩成长，所以对岁要提前一两天，但不能延后。外婆一般要来庆贺外孙的周岁。外婆来给外孙对岁的礼物，一般是小孩的一全套服装。

捆胎 [$k^{h}a^{213}t^{h}ia^{35}$]

过去医学不发达，婴幼儿的死亡率比较高。迷信认为，婴幼儿死亡，是其灵魂与身体的结合还不稳定，灵魂出窍，这就是“走胎”。“走胎”的表现为婴幼儿饮食不减少，但身体不断消瘦。迷信认为，这是婴儿的灵魂已经走到另一孕妇的胎儿身上，如果不及时捆胎，他就会在灵魂所在的婴儿出生时死去。为了防止婴儿“走胎”，宁远的风俗，不允许孕妇摸小孩的头，也不能抱小孩。在婴儿出生后，甚至两三岁时，小孩如有“走胎”现象就在手腕上和脖子上绑一根线，有的还在线上拴上铜钱，这就是“捆胎”。捆胎的线不能人为拆除，要让它自然磨损断掉。

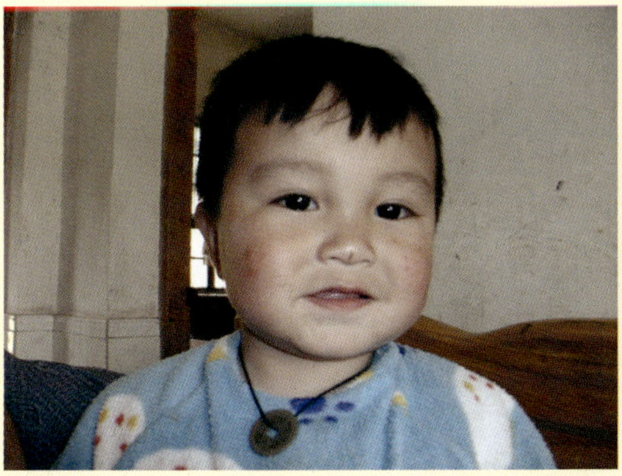

图6－12 捆胎（1）

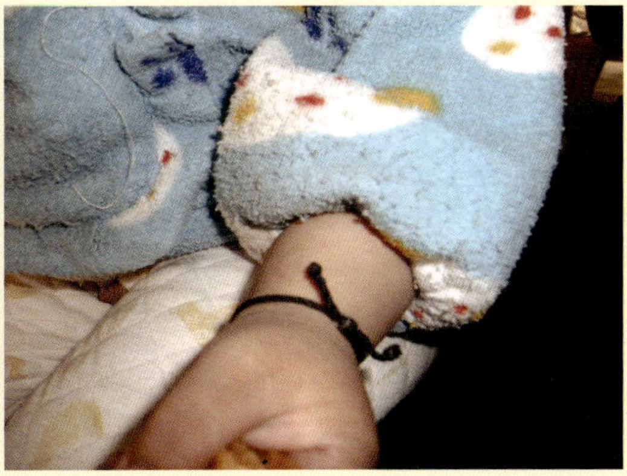

图6－13 捆胎（2）

做生日 [$tsə^{55}ɕie^{35}ŋ^{33}$]

成年或者成家之后，每年都做生日，逢十为大生日。大生日时客人送的礼物要厚重一些。做生日不需要预约，除非主人主动提出不做生日。不给人做生日被认为不懂礼节。前来做生日的人主要是互相拜年的亲戚。如果要扩大做生日的规模，宴请族人，则需要提前约请。给人做生日一般上午赶来吃中餐。晚餐是正酒，菜比较丰盛，而且一般有面条。现在也有人不煮面条，用买来的寿桃面食替代。客人离开时，主人要回赠礼物，并给小孩客人“挂挂钱”（红包）。

现在有些人做生日在餐馆请客。如果在餐馆请客，除非主人提前申明，否则只招待客人一餐饭。

图6－14 生日宴（1）

图6－15 生日宴（2）

图6－16 生日红包

生日红包 [ɕie^{35}ŋ^{33}xã^{24}piəu^{55}]

生日红包是作为礼金交给过生日的人的红包。上世纪，给亲人做生日，要提“篮子”。礼品都放在篮子中，生日的礼物一般是两斤左右的猪肉，一至两斤面条，若干水果或者糖果。逢十的大生日，则送公鸡，还要送两套衣服（过生日的人夫妻各一套）。现在，生日礼物已经简单化，只给生日红包，其中的现金多少不等。

大生日 [t^{h}o^{21}ɕie^{35}ŋ^{33}]

大生日就是逢十的生日。宁远男性和女性的“逢十”不同。“男做平，女做一”，男性逢十周岁做大生日，女性则逢一做大生日。大生日，用餐前要放鞭炮，有的人还要敬祖宗牌位、敬撑铛姑姑。

寄生日 [tsɿ^{55}ɕie^{35}ŋ^{33}]

女儿出嫁后，母亲到女婿家为女儿做的第一个生日，叫“寄生日”。“寄生日”的意思是，将生日告诉女儿的婆家，并希望婆家每年给她做生日。寄生日的礼物一般是送给女儿一件上衣，送给女婿一条裤子，以及送给女儿和女婿每人一双鞋子。

长尾公 [tsẽ^{33}ma^{55}kã^{55}]

小孩过生日称“长尾公”。平话的“尾公”指尾巴。父母一般不设宴请客人来给小孩过生日，但会在这一天蒸鸡蛋并染红了送给过生日的小孩吃。鸡蛋是圆的，送鸡蛋寓意是祝愿小孩成长顺利，“滚下一年”（一滚就度过了一年）。现在，除了煮鸡蛋外，还送给小孩其他生日礼物，如送生日蛋糕。过生日有生日蛋糕的小孩，到了晚上就会请小伙伴来分享生日蛋糕。

图6－17 大生日

图6－18 敬撑铛姑姑

三 丧葬

送终 [ɕiã^{55}tsẽ^{35}]

宁远重视给老人送终。儿子、媳妇、女儿等晚辈要守着老人去世。算命先生给老人算命，要测算有几个儿子、几个媳妇送终。儿女如果没有给老人送终会感到遗憾。

赶 [kiẽ^{33}]

也称“报丧”[pie^{55}sẽ^{35}]。老人已去世，不论什么时刻，都要即刻燃放鞭炮。村中族人听到鞭炮声和哭声，就知道了老人已经去世，所以村中的族人是不需要“赶”的。需要“赶”的主要是外村的亲戚。此外，凡是在老人去世前来探望过的朋友，都要“赶”。孝子可以自己去“赶”，也可以委托别人“赶”。孝子自己去“赶”，要穿孝服，行跪拜礼。

木头 [mɔ^{21}t^{h}əu^{33}]

“木头”就是棺材，也称“老屋”[lie^{55}ɔ^{33}]。棺材一头高，一头稍矮。死者的头枕在矮的一边，脚在高的一边。出殡时，“木头”矮的在前面，高的在后面。

图6－19 木头

寿衣 [ɕəu^{21}a^{33}]

泛指寿衣、寿帽、寿鞋。入殓前，要给死者穿寿衣。寿衣要穿多层，层数为单数。一般由孝子给穿寿衣。

图6－20 灵堂

图6－21 设在野外的灵堂

灵堂 [lio^{24}t^{h}ɔ̃^{33}]

村中有公厅的，灵堂一般设在祠堂里。村中没有公厅，灵堂就设在自己家的厅屋里。有几个儿子的老人过世，灵堂一般设在长子的厅屋里。灵堂里除了棺材外，棺材前面还放一张桌子。桌子上摆着死者生前的相片，相片用黑纱镶边。相片旁边摆着“灵牌”[lio^{24}p^{h}ia^{33}]。灵牌和相片的前面是供品。供品包括米饭、猪脚、全鸡（用碗分别盛）和酒（用三个酒杯盛，酒杯旁边摆放三双筷子）。

棺材的下面拴着一只公鸡，称为“爬路鸡”[k^{h}o^{24}lɔ^{21}tsɿ^{35}]。旁边点着桐油灯。

桌子前面放着灰缸。灰缸边上放着足够多的纸钱。前面铺上稻草。前来悼念的人，首先都要给死者“做虔虔”[tsə^{55}tɕ^{h}iẽ^{55} tɕ^{h}iẽ^{55}]（即作揖），并跪在灵堂前给死者烧纸钱。稻草就是用来方便跪的。

客死在外地的人，尸体不能运进村子，不能在公厅内为他办丧事。所以，客死外地的人，只能给他在村外空地上临时搭建棚子，灵堂就设在临时棚子中。

灵牌 [lio^{24}p^{h}ia^{55}]

图6－22 灵牌

用纸钱扎成，上面写明有死者的生辰和去世的时刻。灵牌放在灵堂前，出殡时长子捧着，下葬时烧掉。

守灵 [səu^{33}lio^{24}]

去世到出殡期间，孝子都要守灵。相传入殓前如果不守灵，老鼠就会挖出死者的眼睛。也有一些亲朋好友陪同守灵。

开路 [xə^{35}lɔ^{21}]

开路，是法师做法，送死者灵魂奔赴黄泉。老人过世后，亲人要为其洗澡。这只是个仪式，由亲人用湿毛巾象征性地在尸体的胸背部擦三次。擦洗后才能给尸体穿上寿衣、寿裤、寿鞋，并将其从床上抬到地上。地上铺有死者生前睡的席子，死者就放在席子上。一般席子对着门铺着，死者头在里边，脚朝门口。如果死者是男性，孝子会请人为他刮去胡须。刮胡须时，为了容易刮掉，用“烧酒”打湿胡须。席子边上放着死者生前常用的物品。“僧公皮子”(法师)做法事时，孝子孝孙必须跪在死者前面。法师解释，死者三天后，在奔赴黄泉路上喝水时，发现水是臭的，这时他才知道自己已经离开人世。

烧床草 [sɿ^{35}ts^{h}ẽ^{24}tɕ^{h}ie^{33}]

为死者开路后，死者生前睡觉的床上的稻草（ 宁远常用稻草作为垫被放在席子下面 ）就要烧掉。“烧床草”由死者女儿和媳妇办理。死者的女儿和媳妇披麻戴孝，把死者床上的稻草、枕头、衣服、鞋帽等抱到村口，先烧纸钱，点香和蜡烛，燃放鞭炮，然后将稻草和衣帽等烧掉。如果死者的配偶在世，“烧床草”就仅仅烧掉床草的一半。床草烧完后，要另路返回，不能走原路。

图6－23 烧床草

图6－24 入殓

图6－25 接客

入殓 [ŋ^{21}lã^{21}]

做完法事后，死者的尸体就要移入棺材中，即“入殓”。入殓前，在棺材中摆放死者生前常用的物品，底下用纸钱等垫护，并有专门的枕头。入殓由非直系亲属执行，并专门有入殓的红包送给执行入殓的人。入殓时，孝子跪在棺材旁边。入殓后到封棺前，棺材的盖和棺材身子间要用纸钱垫着，不能完全合上。

接客 [tsɿ^{213}k^{h}o^{213}]

宁远丧事的接客有特定的仪式。有人专门负责接客。前来吊孝的客人到达村口时或者接近灵堂时要燃放鞭炮，以通知主人。负责接客的人，听到鞭炮声后，会出来迎接并把客人领到灵堂，并燃放鞭炮。孝子们则跪在灵堂前接客，鼓乐声响起。客人扶起孝子后，应跪在灵柩前给死者烧纸钱。客人烧纸钱时，应该有孝子在旁边陪着添纸钱。

图6－26 灰缸

图6－27 挽联

灰缸 [fə^{35}kiẽ^{55}]

即烧纸盆。入殓以后，就要不断地在灰缸中烧纸钱。据说，死者下葬之前烧的纸钱，是他到了地府后的私人财产。下葬后烧的纸钱，则有一部分要分给长辈等。下葬时，灰缸中的纸钱灰要倒进坟墓中。

对子 [to^{55}tə^{21}]

即挽联。“挽联”[vã^{55}liẽ^{21}]是来自官话的借词。挽联的横批写“当大事”。由于是“当大事”，经理在安排丧事的工作时，承担工作的人一般不得推托。

花圈 [fa^{33}tɕ^{h}yẽ^{33}]

“花圈”借用官话的词。除了吊孝的亲戚带来外，经理也安排族人扎花圈。送葬时，经理安排人员举着花圈。花圈的多少，送葬队伍的大小，显示了家族的强弱。下葬后，花圈就放在坟墓上。

戴孝 [tia^{55}ɕiəu^{55}]

老人过世，其儿孙要戴孝。孝服有讲究。不同的地方，风俗不尽相同，有的地方，儿子、媳妇、女儿、女婿、孙子女、外孙子女、玄孙等都有不同的穿戴。

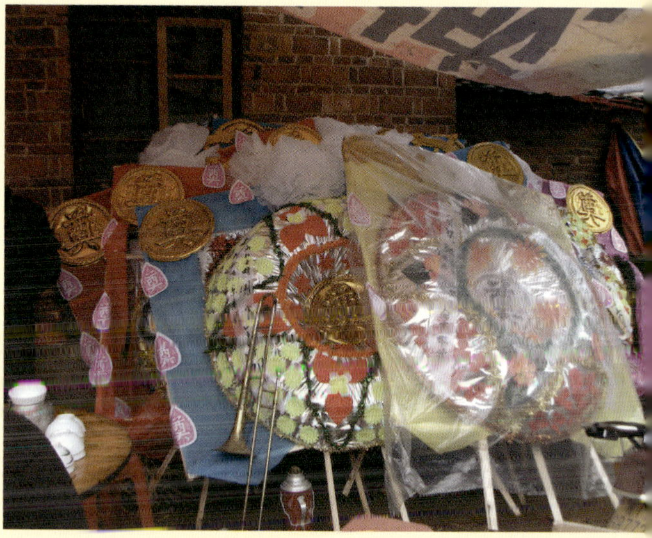

图6－28 花圈

图6-29 布衣

布衣 [pu^{55}a^{55}]

即孝服，麻衣。孝子孝媳孝女孝女婿都穿孝服。腰间束草绳。除了穿孝服，孝子头上披麻布，孝媳、孝女头发上扎麻线，头上顶一块麻布缝成的三角状的麻罩子。

图6-30 顶白

顶白 [tio^{33}p^{h}o^{21}]

顶孝巾。吊孝和送葬时，死者的晚辈都要顶孝巾。孝巾用一块白布做成，前端两头用麻线拴着，捆在头上。白布盖住头部并往后背垂下来。玄孙辈的孝巾上镶有一小块红布，或者贴一小块红纸。

灵屋 [lio^{24}ɔ^{33}]

纸房子，下葬后在坟前烧掉。

图6-31 灵屋

图6－32 做道场

做道场 [tsə^{55}tʰie^{55}tsʰẽ^{33}]

"僧公皮子"[sa^{35}kã^{55}pʰa^{24}lə^{33}]（法师）和鼓乐师（一般由五至六人组成）给死者超度，称为"做道场"。做道场多在出殡的前一天晚上进行。一般从晚上六点左右开始，持续时间约十个小时。道场的内容包括请水、上祭、十月怀胎、上桥、接灵、解结等。最重要的是法师唱"十月怀胎""解结"等内容。每场结束，都会燃放一挂鞭炮，大家可以稍作休息。厨房也会给孝子们准备一些夜宵。中间休息的时间在十分钟左右。

请水 [tɕʰio^{33}suɛ^{33}]

法师领着孝子孝孙来到村子水井或者河流边给死者"请水"（见图6 1）。在法师的指挥下，孝子孝孙先面对水井或者河流，烧纸钱，点香，而后一起跪下。法师念念有词，时念时唱，并配合舞动手中的拂尘。据说，请水就是为了死者灵魂到了阴间不缺水用，现在多数人不知道"请水"的意图。

钉木头 [$tio^{55}mɔ^{21}t^{h}əu^{33}$]

即封棺，将棺材盖盖上，并用铁钉钉牢。封棺一般要请算命先生或者懂行的人选定时刻。封棺前，孝子孝孙要从自己衣服上剪下一小块放在棺材中，让死者记着自己的子孙，并在阴间保佑他们。如果死者的配偶在世，族中老人会将死者生前穿过的衣服的后衣襟剪下一小块，分别交给孝子孝孙保留，意味着死者已经将自己的配偶交给子孙照顾，自己走得安心。封棺仪式开始，孝子孝孙围绕棺材，瞻仰遗容。据说，死者在棺材中放正，才能没有偏袒地保佑子孙。一般认为，如果死者在棺材中躺偏了，偏向左方，则以后更多地保佑小的儿女，偏向右方，则更多地袒护大的儿女。所以，有两个以上儿女的，儿女们都很关心这一环节。封棺前，族中长辈用线连接棺材两头中间，请孝子查看死者是否躺在棺材正中。孝子有争执，不能封棺时，则请舅舅叔叔裁定。但争执不下的情况很少。待孝子们无异议后，再用钉子将棺材钉牢，封棺仪式结束。

图6－33 封棺

图6－34 钉钉子

图6－35 出丧

出丧 [$\text{suɛ}^{213}\text{sẽ}^{35}$]

即出殡，一般安排在上午。“出丧”包括扎丧、念祭文、哭灵、起丧等环节。

将灵柩抬到室外宽敞处绑扎前，“抬盒”和祭文先送到扎丧的场地上，随后，孝子捧着灵牌在前，“八大金刚”（即抬丧[$\text{t}^{\text{h}}\text{ia}^{24}\text{sẽ}^{35}$]的人）抬着灵柩出门，鼓乐师吹吹打打跟在灵柩后面，孝女和孝媳跟随在鼓乐队之后，一起到扎丧坪上。在扎丧的过程中，有念祭文、哭灵等活动，现在有的还请腰鼓队和龙狮表演。

耍龙 [$\text{sua}^{33}\text{liẽ}^{24}$]

即舞龙。扎丧的过程中，会请人舞龙。舞龙主要是为了显得丧事办得很热闹、有排场。现在还有一些人请来腰鼓队表演。

图6－36 耍龙

图6－37 腰鼓表演

图6－38 旋丧

图6－39 哭丧

旋丧 [tsʰuã²¹sẽ³⁵]

在“扎丧”[tsa²¹³sẽ³⁵]（绑扎灵柩）时，不论地面干湿，孝子孝孙们手持孝棍围着灵柩跪爬三圈。平日如果小孩在身边纠缠烦人，大人就会责骂他是在“旋丧”（意思是“你希望我早死吗”）。

哭丧 [kʰu²¹sẽ³⁵]

即哭灵。哭灵一般是女性，包括死者的女儿、媳妇。现在也请人哭灵。

砸碗 [tsa²¹³yẽ³³]

起丧前，法师手持一碗水做法事，做完后就将碗摔碎，大声吆喝八大金刚齐用力抬丧出发。

起丧 [sɿ³³sẽ³⁵]

即起棺。“起丧”要根据事先选定的时刻进行。法师砸碎碗吆喝一声，抬丧的八人齐呼：“喂！”就起丧了。

送葬 [ɕiã⁵⁵tsẽ⁵⁵]

起丧后，放鞭炮和丢纸钱的人，以及举着仙鹤和花圈的人走在队伍最前面，死者长子捧灵牌，次子捧遗像，带领其余孝子孝孙（孝子都有专门的两人搀扶）走在中间，灵柩在孝子们的后面。灵柩后面是鼓乐队，接着是孝媳孝女，再后面是其他女性。整个送葬的队伍浩浩荡荡。一路鞭炮声不断，纸钱每隔几米丢几张。

抬丧的人分成几组，轮流抬着棺材。一班抬丧，另一班则协助扶着灵柩。前面路况如何，后面的人不一定知道。遇有转弯、上坡、水沟等，前面的人都会喊“上坡了！”等，告诉后面的人。后面的人听到后，会齐呼“喂！”以呼应前面的人。在送葬过程中，孝子们每走一段，特别遇有难行的路，都得转身跪下迎接后面抬丧的八大金刚。抬前面的人会喊：“孝子磕头了啊！”借以告诉后面的人，众人齐呼“喂！”大伙便暂停步伐。待孝子转身前进后，灵柩再前进。

一路鼓乐队吹吹打打，鞭炮声不断。

女性送葬，中途绕道另路返回，不送到墓地。

孝棍 [ɕiəu^{55}kuã^{33}]

即哭丧棒。竹子做成，前端夹有纸钱。送葬时，孝子们持着，女性送葬到中途，将孝棍放在一起，由继续送葬的男性带到墓地上，待下葬后插在坟头。

撒钱纸 [ɕia^{213}tsʰã^{24}tsɿ^{33}]

出殡过程中，有一人专门沿途撒纸钱。

图6－40 起丧

图6－41 哭丧棒

金窖 [tɕiã³⁵tɕiəu³³]

预先挖好的墓坑。孝子先行到达，在墓坑前面跪下，迎接灵柩。

垫金窖 [tʰã²¹tɕiã³⁵tɕiəu³³]

亲人去世后，孝子选好坟址，下葬前请人挖好坟坑。垫金窖，就是灵柩到达后，用纸钱等将坟坑底部垫平，以便安放灵柩。众人先往墓坑中撒下纸钱，并焚烧。再将灰缸里的纸钱灰倒进墓坑，并喷洒酒、雄黄，以驱邪。

图6－42 金窖

图6－43 垫金窖

图6－44 倒灰

图6－45 下葬

下葬 [$xo^{55}ts\tilde{e}^{55}$]

下葬要预先确定吉利的时刻。时刻到了，众人将灵柩放在坟坑里后，阴阳先生（风水先生）摆下罗盘，在坟头和坟尾间拉线，确定灵柩的方向，众人按照拉的线调准灵柩的位置和朝向。一般认为，灵柩偏左或者偏右会影响死者后代的发展，偏左则死者会更多地保佑小的子女，不利于大的子女；偏右则更多地保佑大的子女，不利于小的子女。

杀爬路鸡 [$sa^{213}k^{h}o^{24}l\mathrm{ɔ}^{21}ts\mathrm{ɿ}^{35}$]

爬路鸡，也叫发财鸡。一般由摆罗盘的先生在坟头杀爬路鸡，杀鸡时会念一些吉利的话，如“葬在龙头出天子，葬在龙尾出状元”之类。杀鸡后，将鸡血滴在坟坑四周。爬路鸡杀后就归杀鸡人。

图6－46 杀爬路鸡

图6－47 垒祖堆子

垒祖堆子 [ləu^{33}tsɔ^{33}to^{35}lə^{33}]

用泥土将棺材埋没，然后再堆成坟墓。挖墓坑堆积的泥土往往不够，还需要到附近挑一些泥土来，把墓地堆成一个“祖堆子”[tsɔ^{33}to^{35}lə^{33}]（有的称“祖瘩子”[tsɔ^{33}ta^{35}lə^{33}]），即坟头。

垒祖 [ləu^{33}tsɔ^{33}]

下葬三天后，孝子孝孙和其他亲人会再到坟上垒祖。垒祖本是个形式，也是对坟地的一次整理修缮。垒祖时，要先烧纸钱，点香和蜡烛，放上供品，杀公鸡，放鞭炮。之后，才挑土垒祖。

满七 [miẽ^{55}ts^{h}ɛ^{213}]

即下葬七日后孝子们到坟上杀鸡烧纸钱，并继续修整坟墓。“守七”[səu^{33}ts^{h}ɛ^{213}]有七个七天，现在一般守“首七”。

煲肉瘩子 [pie^{35}vu^{33}ta^{35}lə^{33}]

丧饭中的肉。丧事活动中的肉，切得比通常的厚。吊丧后回家，一般要带一些“煲肉瘩子”给自己小孩吃，因为吃了“煲肉瘩子”的小孩会过得更加顺利。

柒·岁时节令

图7－1 买对子

宁远县比较受重视并具有特色的岁时节令有春节、二月初一、清明节、三月三、端午节、六月六、七月半、中秋节、送灶神、小年、大年等。其中，春节、清明节、端午节、七月半、中秋节等节日，有特定的活动或者食物，节日的氛围比较浓厚。浓厚的气氛能通过市场或者人们的活动体现出来。例如，端午节前，市场上大量提供菖蒲和艾叶，路上也可以见到提着菖蒲和艾叶的行人。这是平常见不到的情形。快到七月半时，市场上就开始大量出现纸钱、蜡烛以及鞭炮。进入腊月，小朋友就开始陆陆续续地燃放鞭炮，会时不时听到鞭炮声。

近年来，人们普遍对立春、七月半等比较重视，生意人、县城里的人也开始重视农历初一、十五。但这些节令主要通过燃放鞭炮、点香烧纸等活动以示重视。不同行业还对某些特定节令比较重视，有一些纪念性活动。

一 春节

新年八节 [ɕiã^{35}lã^{55}pia^{213}tsɿ^{33}]

在宁远普通人心目中的“新年八节”不是指八个节日，而是指一段时间，也称“过年过节”[ku^{55}lã^{33}ku^{55}tsɿ^{33}]。这个时间段，宽泛地理解，进入农历十二月，一直到农历正月末，都属于“新年八节”。严格说来，新年八节从过小年开始，到正月十五截止。进入农历十二月，农事逐渐减少，学生陆续放假，市场变得热闹，逐渐有了过年的气氛。一般认为过年过节，每天都是好日子，所以，不断有结婚、上梁封顶等喜事。举办结婚等喜事都要燃放鞭炮。孩子们又三五成群地断断续续燃放着那些捡来的鞭炮（个别鞭炮在燃放时被炸断引线），更让人觉得好事连连。人们大量采购年货，“闹子高头”[lɔ^{24}tsɿ^{55}kie^{35}t^{h}əu^{55}]（市场上）也更加热闹。对联也开始在市场上大量出现，这是过年过节时特有的现象。大年三十前，人们都要烘腊肉、磨豆腐、打粑粑、蒸酒，做好过年的准备。过去，过年前会买些年画，贴在客厅的墙壁上装饰（不过现在已经很少有人这么做了）。

图7－2 新年八节

扫□□ [ɕie^{55}lɔ^{24}mẽ^{55}]

[lɔ^{24}mẽ^{55}]就是挂在天花板和墙壁上的蜘蛛网、灰尘，尤其指厨房中沾有灰尘、烟的蜘蛛网。平常的家庭卫生，一般是扫地，很少有时间打理屋顶上、墙壁上的蜘蛛网。特别是厨房中，一年来挂满了一串串的沾有烟灰的蜘蛛网。过年前要将灶头、天花板、各个角落等一些平日里没有清扫的地方打扫干净。打扫时没有特别的工具，就是一把崭新的扫把，下面绑一根长长的竹篙。

烘腊肉菜 [xẽ^{55}lo^{21}vu^{33} tɕ^{h}ia^{55}]

“腊肉菜”就是腊肉，也泛指腊鱼、腊鸡、腊香肠等。冬至以后到过年前，家家户户都要“烘腊肉菜”。肉、鱼、鸡、鸭等用盐腌过后，用棕树叶子穿过，晾干水分后，用橘子皮、柚子皮、油茶皮、木屑等燃放出的烟烘烤，烘烤时间可长可短，一般烘烤几小时后就可以晾在屋子里（可挂在厨房里的灶头上继续烘烤）。一般家庭要烘烤十几斤腊肉，有的烘烤几十斤腊肉。“腊肉菜”主要供正月里招待客人或者作为给亲戚拜年的礼品。晾干后不烘烤的肉，也称为“腊肉菜”。

送撑铛姑姑 [ɕiã^{55}tɕ^{h}ie^{35}tɕ^{h}ie^{33}kɔ^{35}kɔ^{55}]

即送灶神。农历十二月二十三的晚上，家家户户都要送“撑铛姑姑”（送灶神）到天上过年。送“撑铛姑姑”前，要把“撑铛姑姑”烧热。烧热后，把“撑铛姑姑”上

图7－3 扫□□[ɕie^{55}lɔ^{24}mẽ^{55}]

图7－4 烘腊肉菜

图7－5 送撑铛姑姑

的锅子拿下了，在“撑铛姑姑”前摆下糖果，同时摆上三个碗或者杯子，并倒上茶水。之后，要烧纸钱，并点燃蜡烛、香，一边烧纸钱，一边祈求“撑铛姑姑”宽恕家人的一些过错，在上界多说家人的好话，保佑家人平安、多福等。“撑铛姑姑”三只脚边上也要烧纸钱。最后，燃放鞭炮，家中所有成员都要对着“撑铛姑姑”作揖。作揖完了，就将茶水分别倒在“撑铛姑姑”的三只脚边，撤下糖果，送“撑铛姑姑”活动就结束了。

送灶神不用酒，有人说是因为灶神是女性，不饮酒，所以灶神称“撑铛姑姑”；也有人认为送灶神时用酒，就会醉倒灶神，上天反映情况时“关勿倒用神”（即头脑不清醒）。

过小年 [ku^{55}sʅ^{55}liã^{33}]

农历十二月二十四“过小年”。这天的晚餐比平日丰盛，开饭的时间也比平日早。吃放前，要先“敬饭”[tɕiã^{55}ma^{24}]。

敬饭 [tɕiã^{55}ma^{24}]

也称“敬祖公兜子”[tɕiã^{55}tsɔ^{33}kã^{55}təu^{35}lə^{33}]。“敬饭”的供品是煮熟的鸡头或者猪蹄，一般不用馅豆腐和鸭头。馅豆腐圆圆的，中间塞满了肉馅，象征“不通（窍）”。人们认为，用馅豆腐供祖先，会出不聪明的后人。鸭子嘴扁，宁远炒菜，鸭头一般都连着鸭嘴。用鸭头供饭，就会出扁嘴唇的后人。“供饭”时，用一个碗装鸡头等放在桌子中间，三个倒上酒的小酒杯放在桌子的一边，旁边摆上三双筷子。然后，烧纸钱，点蜡烛和香，并燃放鞭炮，作揖。再将酒倒掉，换上米饭，米饭仍放在酒杯中。倒掉米饭，再换上茶水。最后倒掉茶水，撤下所有碗筷酒杯，仪式结束。

蒸过年酒 [tsã^{35}ku^{55}lã^{35}tɕiəu^{33}]

过年前，除了酿甜酒，大多数家庭都要“蒸酒”。过年之前蒸的酒，主要是供过年和正月用，也称“蒸过年酒”。蒸过年酒少则一两天，多则三五天（见图 5–111）。

磨豆腐 [mə^{21}t^{h}əu^{21}fu^{21}]

“磨豆腐”即制作豆腐。上世纪，几乎家家户户都要磨豆腐，以便过年以及春节期间食用。农历十二月二十以后，农村开始陆陆续续磨豆腐。磨豆腐有很多工序，第一道工序是“打豆子”[ta^{33}t^{h}əu^{21}lə^{33}]，用“磨石”[mə^{21}so^{21}]（石磨）将豆子磨碎，并泡在水中。第二道工序才是将已经磨碎的豆子磨成豆浆。原来都是手工磨制，现在，这两道工序用机器完成。第三道工序是将豆浆过滤，把过滤下来的汁水和适量石膏粉一起煮熟，倒在豆腐桶中。待凝固成“浆”[tɕiẽ^{35}]（看凝固的火候）后，再将浆凝固成的“豆腐脑髓”[t^{h}əu^{21}fu^{21}lie^{33}ɕiã^{33}]倒进豆腐盒，将水压出就成了白豆腐。除了石膏的剂量以及豆腐凝固的火候要请有经验的人指导外，其余的工作都是自己完成。

宁远的白豆腐有几种加工成品，一种是做成“霉豆腐”[mə^{24}t^{h}əu^{21}fu^{21}]；一种是“豆腐皮子”[t^{h}əu^{21}fu^{21}p^{h}a^{24}lə^{33}]，用以做“酿豆腐”；还有一种是“扁扁豆腐”[p^{h}ã^{55}p^{h}ã^{55}t^{h}əu^{21}fu^{21}]。“豆腐皮子”和“扁扁豆腐”都用茶油炸成。

图7－6 磨豆腐

泡豆腐 [pʰiəu^{55}tʰəu^{21}fu^{21}]

在过年之前磨的豆腐，除了做霉豆腐外，还有部分要用茶油将其炸成“豆腐皮子”或者“扁扁豆腐”。这个制作过程就是“泡豆腐”，制成的豆腐也叫“泡豆腐”。

炸果子 [tsʰa^{21}ku^{33}tsɿ^{33}]

也叫“泡果子”[pʰiəu^{55}ku^{33}tsɿ^{33}]，就是用茶油将红薯片、糯米条等炸成“果子”。炸果子和泡豆腐时，忌他人在旁边说“吃”。人们相信，若说“吃”，豆腐、果子会吃掉更多的油。上世纪，生活还比较困难，茶油要省着用。所以，炸果子时，大人总是想着法子哄着小孩离开，或者等晚上小孩睡觉后再炸果子，以免小孩说“吃”。

打粑粑 [ta^{33}pa^{33}pa^{33}]

“打粑粑”在平话中既可以指打粑粑的行为，也可以指这种粑粑。“打粑粑”是给亲戚拜年的常用礼品。“打粑粑”饼形，碗口大小，一个需要半斤左右的糯米。上世纪，一个家庭一般要用一斗米来做“打粑粑”。

上世纪“打粑粑”多用手工打，新世纪以来，多用机器。不管是用手工还是机器，打粑粑一般都安排在农历十二月二十以后。手工打粑粑，将蒸熟的糯米放在“粑坑”[pa^{33}kʰã^{55}]中，两个年轻人用“粑捶”[pa^{33}tsʰui^{21}]交替捶打。机器打粑粑，也需将糯米蒸熟，再用机器将其打成米团。将捶打烂的糯米团压成一个一个圆饼，就成了“打粑粑”。

“打粑粑”冷却后变硬，放在缸中用水浸泡着，可以保存到来年的二月甚至更晚。

图7－7 打粑粑

酿豆腐 [liã^{24}t^{h}əu^{21}fu^{21}]

“酿豆腐”是宁远的特色菜。“酿豆腐”也可以指制作这种“豆腐”的行为。春节期间需要大量的“酿豆腐”。做“酿豆腐”很费时，春节客人多，过年前，就得多做一些“酿豆腐”备用。一般一个家庭至少要用十斤猪肉来做“酿豆腐”。

图 [t^{h}ɔ^{24}]

即年画。过年前，很多人都会买些年画回家，贴在客厅以及卧室的墙壁上。客厅一般贴年年有余之类的画，卧室里一般会贴人物画。新世纪以来，贴年画的人越来越少了。

黏对子 [lio^{213}to^{55}tə^{21}]

“黏对子”即贴对联，特指贴春联。一般安排在大年三十下午。这样，对联在大年初一这天还是崭新的。也有人在大年三十前就黏对子了。院门和大门是必须贴对联的。有的人家，不管是出入门还是厨房门，逢门就贴对联；有的人家只贴大门（户门）。

门神 [miã^{24}sẽ^{21}]

“门神”一般是在市场上买回的印刷品，人物既有秦琼、尉迟恭，也有关羽、张飞等。门神在过年之前贴在户门上。

图7－8 黏对子

图7－9 门神

三十哺夜□ [so^{35}sɿ^{21}pu^{33}lio^{21}tʰɛ^{21}]

“三十哺夜□”指除夕，也称“过大年”。“夜□”可以指“晚饭”“夜晚”。人们都很重视除夕饭，在外的亲人一般情况下都会赶回来参加。除夕的晚餐是一年中最丰盛的，而且一般有鱼。宁远有句话“三十哺夜□的砧板”，是说大年三十的“砧板”[ʦã^{35}pie^{33}]都很忙，不能外借。除夕的饭也做得多，除了当天晚餐的饭足够外，还要保证第二天不用做饭。一般认为，大年初一是玩的，不做饭。不过现在人们对大年初一是否做饭已经无所谓了。“三十哺夜□”吃得特别早。

吃饭前，一般要安排小孩洗“过年澡”[ku^{55}lã^{24}tɕie^{55}]。“过年澡”要洗得特别干净，所以也洗得特别久。小孩洗完澡后换上新衣服。

宁远的风俗，新嫁不满三年的女儿不能在娘家过年。现在这个风俗影响力逐渐减弱了。

有的人因为常年在外，过年才回来，所以除夕这天还到坟上祭祖。

图7－10 三十哺夜□[so^{35}sɿ^{21}pu^{33}lio^{21}tʰɛ^{21}]（1）

图7－11 三十哺夜□[so^{35}sɿ^{21}pu^{33}lio^{21}tʰɛ^{21}]（2）

压岁 [o^{213}suei^{55}]

年三十的晚饭后，长辈会给小孩“压岁”。压岁一般是给“压岁钱”[o^{213}suei^{55}ts^{h}ã^{33}]。给压岁钱时会告诫小孩，明天是新年了，不能说不吉利的话，也不能说“没有”，不能哭。如果不是在春节期间，说给某人“压岁”是指给人惩罚。

在外工作的年轻人回家过年，一般也给长辈一个红包。不过，给长辈红包不能称之为压岁。

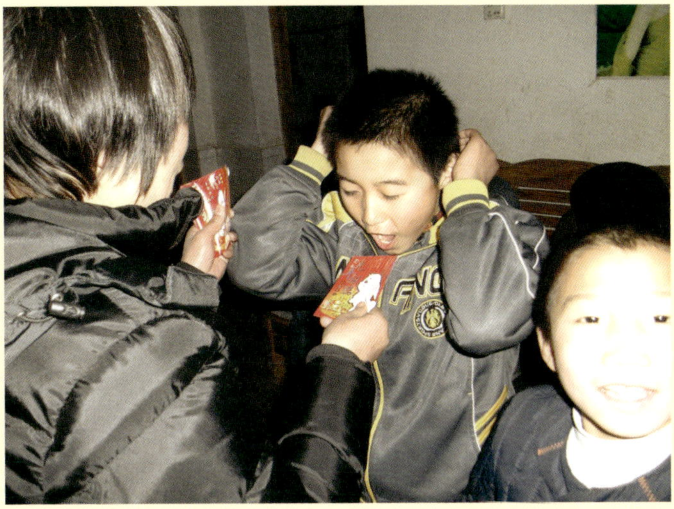

图7－12 压岁

藏秤 [ts^{h}ẽ^{24}ts^{h}ã^{24}]

除夕晚上藏秤，以免正月初一看见不吉利（“秤”现在与“欠”不同音，但这个流传下来的习俗还没有改变）。

藏扫把 [ts^{h}ẽ^{24}ɕie^{55}po^{33}]

人们认为大年初一要聚财，不能扫地，扫地会把财气扫出去。为了防止扫地，除夕的晚上要将扫把藏起来。

接撑铛姑姑 [tsɿ^{213}tɕ^{h}ie^{35}tɕ^{h}io^{33}ko^{35}ko^{55}]

大年三十的晚饭后，十二点之前，要接回“撑铛姑姑”。接“撑铛姑姑”的仪式与送的仪式相似，都要烧纸钱、点蜡烛和香、放鞭炮、作揖，不同的是，用的供品是“馅心粑粑”和茶。接“撑铛姑姑”时，要祈请她从天上下来后保佑家人平安。

图7－13 接撑铛姑姑

大年初一 [t^{h}o^{21}lã^{33}ts^{h}ɔ^{35}ɿ^{213}]

大年初一即春节，也称“正月初一”[tso^{35}vei^{21}ts^{h}ɔ^{35}ɿ^{213}]。人们认为，这天是玩的，不做事。玩得越愉快，当年运气就越好，做得越多，当年就会越劳累。所以，除了煮吃的，一般不做事。上世纪，大年三十要把水缸装得满满的，大年初一不能挑水；大年三十也要把初一的饭煮好，大年初一不煮饭。现在这种习俗已经淡化，很多人家门口装有摇水井，初一也打水、煮饭。

出行 [suɛ^{213}xe^{24}]

“出行”就是大年初一早晨迎新年。大年初一是农历新年的第一天，是一年中最重要的节日。人们认为，初一要早起，起床越早，当年的运气就会越好。“起来了”就是运气“起来了”。凌晨四五点就陆续有人起床。起来后，首先把大门打开，打开大门后，不论多冷，风多大，都不能关，寓意开门纳福。

开门后，燃蜡烛，点香，烧纸钱，作揖。灶房的火生起来后，烧水，做馅心粑粑，滚红米，蒸粑粑。这天早晨男性都要放鞭炮，三五岁的男孩不敢独自放鞭炮，也要跟着成人燃放。鞭炮纸要红色的，鞭炮响声越大越好。如果鞭炮断断续续，就会被认为不吉利。

女性一般不参加“出行”的活动。

进入新世纪后，从县城开始一直到乡村，多数人在除夕晚上都看春节联欢晚会，到零点时就开始放鞭炮“出行”，之后，再关上门睡觉。但是，整个晚上，还是不断有人放鞭炮。

图7－14 出行（1）

图7－15 出行（2）

图7-16 蒸馅心粑粑

蒸馅心粑粑 [tsã^{35}xẽ^{21}ɕiã^{55}pa^{33}pa^{33}]

大年初一早餐要吃馅心粑粑，所以一大早就要蒸粑粑。馅心粑粑一般都是家庭主妇做的。粑粑的数目为吉利数字，而且每个粑粑上都要沾有红米，以显喜庆。大年初一吃的馅心粑粑如果碰巧没有馅心，即吃到“哑子粑粑”，就会感到很倒霉。

勿扫地 [mə^{21}ɕie^{55}tʰɛ^{21}]

人们认为初一是纳福纳财的，扫地就会把财运扫掉，所以，不论多脏，大年初一都不扫地。大年初一早晨，家家户户都放鞭炮，加上不能扫地，所以，初一这一天，满地都是红色的鞭炮纸。

图7-17 勿扫地

图7－18 拜年

图7－19 过人家

勿吹衣 [mə^{21}ts^{h}uɛ^{35}a^{35}]

大年初一这天，屋子外边不晾衣服。多数人不知道为什么大年初一不能晾衣服。其中一种说法是，大年初一天还没有亮就有人起床，室外晾的衣服，样子像“鬼”，见了不吉利，这样，除夕晾在室外的衣服一定要收回。

拜年 [pia^{55}lã^{24}]

人们在大年初一都会给同族长辈“拜年”。上世纪在村中走家串户拜年的主要群体是小孩。小孩子起床后，就开始结伴给每户人家（不论辈分）拜年。拜年时，只要说“跟你拜年，发财”等简单祝语即可，并不磕头行礼。主人会拿出一些糖果散发给拜年的小孩。小孩们拿了糖果就走。一方讨个吉利，一方得到糖果。早餐后，青年人开始给长辈拜年。青年人拜年，都会在主人家坐下聊一会，主人则用糖果、茶招待。

现在，小孩都没有出去拜年的动力，拜年的都是青年人。年轻人给长辈拜年，是一种义务。

归外家 [kuɛ^{35}və^{21}ko^{55}]

即回娘家。春节期间女性要回娘家给父母拜年。回娘家拜年的时间，一般选择在初一或者初二。回娘家一般会与丈夫一起，有小孩的，会带上小孩。

过人家 [ku^{55}ŋ^{24}ko^{55}]

到亲戚家拜年，称为“过人家”。给亲戚拜年，以家庭为单位派代表，按照亲疏关系安排拜年的顺序。“娘亲舅大”，给舅舅拜年要安排在前面。辈分低的先给辈分高的拜年，辈分高的也会回拜。每年第一次到亲戚家拜年也称“出行”，“出行”不能中途返回，否则不吉利。拜年都会安排在上午，讨个“越走越亮”的吉利。

给族人拜年是不用带礼品的，“过人家”则要带礼品。拜年的礼品，各地稍有不同。中和镇主要是一块一到三斤的腊肉、四到十二个打粑粑、一包糖果（一筒饼干，一斤左右的白糖等）。礼品用一个篮子装着。

长辈可以收下腊肉和糍粑，糖果则不收，说是“新年八节不能空篮子”。也可以另外给些糖果，称为“回篮子”。长辈的礼品不能收，尤其是腊肉不能收。同辈中，小舅子的礼品不能收。拜年一般会留宿一晚。

招待客人用餐一般最少要六个菜。

进入新世纪以来，礼品不拘一格，为了省事，有的人只给主人一个红包。有些人拜年不用主人招待吃饭，或者吃饭但不留宿。

挂挂钱 [kya^{55}kya^{55}tsʰã^{24}]

给“过人家”的小孩的红包，也称“挂哩钱”[kya^{55}li^{21}tsʰã^{24}]。如果拜年中有未成年人，客人离开时，主人都会给“挂挂钱”。“挂挂钱”既可以装在红包里，也可以不装在红包里。

图7－20 摆茶

耍龙公 [sua^{33}liẽ^{24}kã^{55}]

过年和正月初一常常有人耍龙，给各家拜年。舞龙的队伍中有专门放鞭炮和收红包的人，龙到居民家门口，他们负责在门口燃放鞭炮，并收取主人给的红包。

耍狮子 [sua^{33}sɿ^{35}lə^{33}]

即舞狮子。像“龙”一样，给每家每户拜年，拜年时，主人要给红包。

摆茶 [pia^{33}tsʰo^{24}]

“摆茶”就是用茶点招待客人。正月里，客人到达后，主人都要摆茶。除了禾亭镇以外，其他乡镇平常不喝茶，只有正月，大家才喝茶，而且一般喝红茶。茶叶没有特别的要求，红色就行。红茶一般不是一杯杯地沏，而是一壶一壶地泡。现在，部分家庭对茶比较讲究，开始用绿茶，茶也是一杯一杯地沏。摆茶用的果点以“红瓜子”为主，其他常见的还有葵花籽、纸包糖、兰花根。

二　清明节

清明节 [tɕʰio^{35}mɿ^{55}tsɿ^{33}]

宁远的“清明节”指一段时间，包括历书上清明节的前后十天。清明节当天称“大清明”。宁远的风俗，新嫁出去不满三年的女儿不能在大清明这天回家。“清明节”的主要活动是“挂清”（扫墓）。在清明节的前十天内扫祖坟，后十天扫野坟。

给共同的祖墓扫墓，都是“家族”[ko^{35}tʰəu^{55}]一起进行，扫墓的费用摊派，摊派费用时只算男性，不算女性。扫墓后要“食清明”（扫墓后的聚餐）。“食清明”也只允许男性参加。由于墓的归属范围大小不同，一般人会吃多次“清明”。最大的达几千人，包括了分散在几个村子的同宗，有的还跨越了镇、县的界限。

“食清明”是同宗聚集表达亲情、凝聚宗族血脉的重要途径。“食清明”时，同宗的几代人聚在一起，长辈的给晚辈的述说同宗的历史，能使同宗更好地凝聚。但清明扫墓时容易引发火灾，也容易引发同异族的山、水之争，引发大规模的械斗，所以清明历来是地方政府高度紧张的时段。现在，多数青年男性在外地打工，大规模的“食清明”已经很少见了。

图7－21 钱纸

图7－22 卖钱纸和蜡烛的摊子

钱纸 [tsʰã^{24}tsɿ^{33}]

“钱纸”就是纸钱。扫墓最重要的就是给墓中人烧纸钱。上世纪六七十年代，纸钱都是自家用“钱凿”（打纸钱的工具）打出来的。从市场上买回来一沓一沓的“高边纸”[ke^{35}pʰã^{55}tsɿ^{33}]，每张纸钱用钱凿打出三排共二十七个钱孔，并在一角淋上鸡血以作记号，晒干后才能用。现在，都用机器打纸钱，从市场上买回来的纸钱就不用另外加工了。其他的蜡烛、香等都能在市场上买到。一到清明期间，市场上到处是卖纸钱、蜡烛、香的摊子。

挂清 [kua^{55}tɕʰio^{35}]

“挂清”就是扫墓，一般会聚集同宗人一起前往，规模有大有小。过去挂清的规模较大。改革开放以后，村里多数年轻人在外打工，回家时间不统一，很难进行大规模的扫墓。所以，挂清一般以同祖父的家庭为单位进行。最近几年，集体挂清又重新受到族人的重视。到了清明期间，在外打工的人纷纷回家，参与挂清。墓不分辈分，根据路线来确定挂清先后。

祖 [tsɔ^{33}]

“祖”就是墓。“祖”包括“祖手”[tsɔ^{33}ʂəu^{33}]（围护祖的半圆建筑，一般用土石垒成）、“祖瘩子”[tsɔ^{33}ta^{35}lə^{33}]（墓的主体，即凸出的部分）、“祖盘子”[tsɔ^{33}piẽ^{24}lə^{33}]（祖手与祖瘩子之间的部分）。有的墓还立了“碑石”[pɛ^{35}so^{21}]（墓碑）。

图7－23 挂清

碑石 [$pɛ^{35}so^{21}$]

墓前的碑石刻有墓中人的生卒时间、立碑人和立碑时间。立碑人包括墓主的所有子孙后代。上世纪五十年代到八十年代，多数新坟没有碑。新世纪以来，不仅新修的坟前立碑石，而且一些原来没有碑的老墓前也立了新碑石。

图7－24 祖

图7－25 碑石

隐子 [iã^{35}lə^{33}]

隐子就是假墓。还在世的配偶，为了死后能和已故配偶葬在一起，在配偶下葬时，就在其坟墓的旁边设一座假墓，事先抢占墓地。有的人为了防止别人将坟墓设得太近，也在墓的旁边设一座假墓。隐子与真墓一样，也要挂清。

铲土皮 [tɕʰio^{33}tʰɑ^{33}pʰɑ^{33}]

扫墓时，首先要清理墓地的杂草，铲一块带草的“土皮”，倒盖在墓顶上，并在新的土皮上放上石灰。一般认为，放石灰是为了显示历年的土皮之间的层次。进入新世纪后，石灰生产少了，挂清的时候，就不放石灰，只在墓顶插上买来的塑料花。

图7－26 隐子

图7－27 铲土皮、插花

图7－28 做虔虔

图7－29 供品

做虔虔 [tsə^{55}tɕʰiẽ^{55}tɕʰiẽ^{55}]

“做虔虔”就是作揖，是扫墓的最后一个程序。做虔虔前要清除墓地的杂草，在墓前摆上供品，扫墓的供品一般是猪蹄、粑粑（一般是汤圆大小的粑粑）、酒。酒用三个杯子装着。有人扫墓时会在墓地杀鸡，一般用公鸡。杀鸡时要提着鸡在“祖手”内绕墓转一圈，使鸡血滴在墓的周围。供品摆上后，就可以烧纸钱、点蜡烛、烧香，并燃放鞭炮。参加扫墓的人都在墓前作揖。作揖后，就可以倒掉杯子中的酒，收拾供品，以便给下一座墓扫墓时再用。最近几年，出现了一些新的做法，部分人不燃放鞭炮，而是放烟花；酒杯是一次性杯子，所以，杯中的酒不倒掉，杯子也不带走。

摘耳夹皮 [tso^{213}lle^{55}ka^{33}pʰa^{33}]

“耳夹皮”即茶饼菌。长在茶树上，很像茶树叶子的变体，一般认为是茶树上很嫩、很肥厚的叶子。“耳夹皮”很甜很脆。

由于山多平地少，为少占耕地，宁远一般把坟建在山上。有的坟墓建得很远，或者建在很高的山上。扫墓是很辛苦的活。宁远山上种有很多茶树，清明时节正是“耳夹皮”成熟的时候，摘“耳夹皮”是吸引儿童扫墓的最好办法。

图7－30 耳夹皮

图7－31 清明花

图7－32 □蕨[lɛ³³kuei²¹³]

掰清明花 [pa³³tɕʰio³⁵mɿ⁵⁵xo³⁵]

“清明花”即杜鹃花，清明时节盛开。清明花不仅红得鲜艳，而且酸酸甜甜的，可以吃，也是儿童的爱物。说是摘，实际上是折，连同花和枝叶一同折下。儿童“挂清”回来时，手上都会有一大把清明花，互相间常常比谁的更多、更鲜。

□笋子 [ya²¹ɕyã³³tə³³]

即扯笋子。宁远山上竹子很多，最多的是苦竹和甜竹。“□笋子”也是“挂清”的插曲。山间有很多种类的笋子，如油竹笋、水竹笋、花竹笋、苦竹笋和甜竹笋等，笋子一般食指大小，不需要什么工具就可以拔出来。

□蕨 [lɛ³³kuei²¹³]

即采蕨。宁远山上蕨菜多，随便采一采，就有一大把。所以，“□蕨”也是一件很惬意的事，虽然扫墓已经很累了，但看到又肥又嫩的蕨菜，多数人都不会放弃。

食清明 [ɿ²¹tɕʰio³⁵mɿ⁵⁵]

清明节除了“挂清”（扫墓）外，最重要的活动就是“食清明”。“食清明”没有什么特别的食品，就是一般的酒宴。“食清明”的钱是摊派的，一般按男性人头摊派，家中这一年或者上一年有喜事的人要主动多出钱，喜事包括添了男丁、考上大学等。“食清明”入席前要先敬奉祖先，包括摆供品、烧纸钱、点香和蜡烛、放鞭炮、作揖等。

现在，实行计划生育政策，男女平等，清明扫墓、“食清明”都允许女性参加，“食清明”的费用按照用餐人数平均分派。

挂社清 [kua^{55}so^{55}tɕ^{h}io^{33}]

“挂社清”是指在社日给新坟扫墓。“挂社清”的程序与“挂清”相同。“挂社清”是给新坟扫墓，有的要烧灵屋等。宁远的风俗，新婚不满三年的女儿不能在社日回娘家。

图7－33 食清明

图7－34 挂社清

三　元宵、端午和中秋

正月常 [tso^{35}uei^{21}sã^{21}]

“正月常”又叫“正月十五”[tso^{35}uei^{21}sɿ^{21}ŋ^{55}]。宁远正月十五，早晨起来要烧纸钱、点蜡烛、点香，早餐吃粑粑（一般是馅心粑粑），晚餐也比较丰盛。早餐前和晚餐前都要“敬饭”、放鞭炮。上世纪，正月十五有舞龙、耍狮子的活动，现在年轻人正月初六就开始外出务工，很少有这些活动了。

有些人家，特别是做生意的人家，每到初一和十五，早晨起来都要烧纸钱、点蜡烛、点香。

二月初一 [li^{21}uei^{21}tsʰɔ^{35}ʅ^{213}]

“二月初一”是鸟节。这天的早晨与“正月常”一样，要吃粑粑（一般是馅心粑粑），而且要做一些“鸟崽粑粑”[liɔ^{55}tsɛ^{55}pa^{33}pa^{33}]插在枝条上，放在田地里。上世纪，宁远的麻雀特别多。播种后，人们想了很多办法来驱赶偷吃稻种的麻雀。将“鸟崽粑粑”放到田地里，其象征意义就是让粑粑粘住麻雀的嘴巴，使它们不能偷吃稻子。现在，麻雀少了，所以也很少有人做“鸟崽粑粑”了。

三月三 [so^{35}vei^{21}so^{35}]

“三月三”是“蚂蚁崽崽”[mã^{55}iẽ^{21}tsə^{33} tsə^{33}]的“生日”。以前，普通人家的屋子，入住之前，只是用“打板”[tɑ^{33}piɑ^{33}]（底部平的木锤子）将地面打紧打平，并没有用水泥或者石灰浇灌。蚂蚁常常可以在屋子的某个角落安下家来。到三月三蚂蚁生日这天，人们就采来“蚂蚁崽崽花”[mã^{55}iẽ^{21}tsə^{33} tsə^{33}xo^{35}]（荠菜），放在不希望蚂蚁到的地方或者锅子、坛子等用具上，人们相信用这种方法可以阻止蚂蚁损坏器具或者偷食食物。

也有人认为三月三不是蚂蚁的生日，而是“三月三，蚂蚁崽崽归外家”[so^{35}vei^{21}so^{35}，ma^{55}iẽ^{21}tsə^{33}tsə^{33} kuɛ^{35}və^{213}ko^{55}]。这天，蚂蚁成批回娘家，为防止蚂蚁经过，损坏家中器物，才将“蚂蚁崽崽花”放在家具或者器具上。

现在虽然很多屋子的地面都用水泥浇灌了，但是，三月三采摘荠菜放在器具上的习俗却沿袭了下来。

图7－35 鸟崽粑粑

图7－36 蚂蚁崽崽生日（1）

图7－37 蚂蚁崽崽生日（2）

图7－38 蚂蚁崽崽生日（3）

端午 [tiẽ^{35}vu^{55}]

即端午节。宁远的端午节没有集体活动，但家家户户都挂菖蒲和艾叶。不管是不是赶集的日子，这一天街上都比较热闹，市场上有较多的雄黄、艾叶、菖蒲以及粽子、水酒等出售。端午早晨一般吃粽子，中餐一般吃鸭，喝雄黄酒。宁远喜欢用嫩豆子煮鸭肉，当年的第一批豆子在端午时刚长成，很鲜嫩。而且，当年的第一批鸭子在端午前后长成肉鸭。人们认为端午鸭肉特别补，所以有专门的名称“端午鸭”。

挂艾子菖蒲 [kya^{55}ə^{21}tə^{21}tɕʰiã^{33}fu^{21}]

在门上挂艾叶和菖蒲。端午这天，家家大门上都挂菖蒲和艾草，菖蒲和艾草数量都要为单数。不过绝大多数人都已经不知道挂菖蒲和艾叶的原因了。

啜雄黄酒 [suei^{213}ɕiẽ^{24}xiẽ^{55}tɕiəu^{33}]

端午节中餐要喝雄黄酒。雄黄酒是将少量雄黄粉放在水酒中。据说端午喝了雄黄酒，可以辟邪。端午用的酒一般是水酒。一些家庭在端午前酿造了水酒，没有酿造水酒的家庭则在市场上购买水酒。

宁远多蛇，田野中走路常常遇到蛇，也经常听见被蛇咬住的青蛙的凄厉叫声。柴堆里也会藏有蛇。有时老鼠还会把蛇引进屋里。几乎所有人都害怕蛇。到了端午，喝雄黄酒就是为了避蛇。

不但如此，人们还把成块的雄黄放进酒缸中。

搽雄黄酒 [tsʰo^{24}ɕiẽ^{24}xẽ^{55}tɕiəu^{33}]

将雄黄酒搽涂在身上。夏天来了，有人容易长痱子，人们相信，把大把雄黄放在少量酒中，涂在脸上、脖子上，就可以防止长痱子和疮。雄黄酒一般是给小孩搽涂的。

图7－39 挂艾叶和菖蒲

图7－40 搽雄黄酒

图7－41 戴香包

戴香包 [tia^{55}çiẽ^{35}piəu^{55}]

有小孩的家庭，端午节还会做香包，给小孩戴上以辟邪。香包中有雄黄。

端午茶 [tiẽ^{35}vu^{55}tsʰo^{24}]

端午正午时采的茶叶，也叫藤茶。

八月常 [pia^{213}vei^{21}sã^{21}]

即八月十五中秋节，是团圆的节日，在外打工的人一般都会赶回来过中秋（改革开放以来，在外打工的人很少特意赶回家过中秋，但进入新世纪后，人们又开始重视中秋，老远也赶回来跟家人团聚了）。

八月十五前不少人家包粽子。中秋的早餐前要给祖先“供饭”，早餐吃粑粑，有的吃粽子，有的做馅心粑粑。晚餐比较丰盛。晚饭前要“供饭”和放鞭炮。

上世纪，不少人到了中秋的晚上还要赏月。说是赏月，其实只是不安排农活而已。晚饭后大家坐在院子里，吃柚子聊天。也有一些人在八月十五这一天用粑粑敬月亮。

图7－42 送节的礼物

送节 [çiã^{55}tsʅ^{21}]

女婿，特别是新女婿，在中秋节前会到岳母家送节，送节的礼物主要是粽子、月饼、柚子、母鸭（一般认为，送母鸭不送公鸭是因为母鸭的叫声比公鸭大）等。

四　七月半

七月半 [tsʰε^{213}vei^{21}piẽ^{55}]

七月半是农历七月十四。宁远七月半的活动从七月初就开始了（主要是给祖先供饭，也有人从七月十二开始供饭），一直到七月十五早餐供饭后，这个活动才算结束。七月初开始，市场上出现纸钱、蜡烛等。烧包时要用粽子粑粑，很多人从初十开始做粽子粑粑。

七月十四正式过节，这天晚上要给已故亲人"烧包"[sɿ^{35}piəu^{35}]，即烧纸钱等。到了晚上，随处可以看见烧包的场面。父母过世第一年，出嫁的女儿要在七月半前"送包"[ɕiã^{55}piəu^{35}]，即准备纸钱等，做成一个包，送至娘家，以便七月半烧给已故亲人。

供饭 [tsiã^{35}ma^{24}]

七月初就得给祖先供饭。给祖先供饭，要有肉食。供饭最常用的是鸡，鸭子、"馅豆腐"和兔子肉不能作为供品。

每餐吃饭前，在神龛下摆上餐桌。先盛一些菜，作为供品。在桌子的三方各放一个酒杯和一双箸[tsʰɔ^{21}]（靠神龛的一方不放杯子），倒上酒，再烧纸钱，点蜡烛和香。所有人都在供桌前作揖。然后倒掉杯中的酒，加上饭，最后把饭倒掉后添上茶。把茶也倒掉后，就可以撤下碗筷，供饭就算结束了。

家人吃饭时，还得留出一个席位，照样斟酒、添饭、加茶。不过这时的餐桌上就可以出现馅豆腐、鸭肉等菜肴了。现在供饭的习俗各村有一些差异，如有的人家桌上放八个碗和八双箸，桌子下面点有蜡烛。

图7－43 供饭

做粑粑 [tsə⁵⁵pa³³pa³³]

七月半做的粑粑是用粑粑叶子包的粽子，包括“头□粑粑”[tʰəu²⁴kʰuã²¹pa³³pa³³]和“燕子□”[iẽ²⁴tsɿ⁵⁵tsʰa²¹³]。不同的地方做粽子粑粑的时节不同，有些地方是“八月常”（中秋节），有些地方是端午节。中和镇是七月半做粽子。做粽子有烧漕、沤漕、过漕、包粑粑、煲粑粑等几个环节。

图7－44 烧漕

图7－45 沤漕（1）

图7－46 沤漕（2）

烧漕 [sɿ^{35}tɕ^{h}ie^{24}]

“烧漕”就是把“金禾草”[tsã^{35}vu^{55}tɕ^{h}ie^{33}]（稻草）烧成灰。一般在七月初九的晚上就要烧漕了。金禾草要选用老草，存放时间越长越好。按照做粑粑的多少决定烧多少草。

沤漕 [ŋəu^{55}tɕ^{h}ie^{24}]

将金禾草烧成“草木灰”[tɕ^{h}ie^{33}mɵ^{21}fɵ^{35}]放在缸里，加上清水，沤一个晚上，就是“沤漕”。为了防止热的灰烬把缸烧坏，草木灰放进缸中之前要先在缸中放些凉水。

图7－47 过漕

图7－48 浸米

过漕 [ku55tɕhie24]

将沤了一个晚上的草木灰水过滤出来。先做“□子”[thəu55lə21]，即用金禾草沿着“围篮”(箩筐) 内沿做成的“窝”。把做好的“□子”放在架子上，再把草木灰水慢慢地倒进“□子”中，使之经过“□子”的过滤。过滤出来的水就是“漕水”[tɕhie24suɛ33]。第一次过滤出来的漕水是黑色的。经过多次过滤，水就清了。漕水不单可以用于做粽子，上世纪也用于洗头发。

浸米 [tshɛ213mi55]

先把糯米淘净，沥干。再用漕水浸泡。米一接触到漕水就变成了金黄色。用经过漕水浸泡的米做成的粽子粑粑，色泽鲜艳，并有一股清香。市场上的粽子粑粑一般用食用碱浸泡糯米，味道远比不上农家自制的。

图7－49 包粑粑

包粑粑 [piəu35pa33pa33]

糯米浸泡约四小时，就可以包粽子了。把浸泡后的米沥干，用专门的粽子叶包裹，再用粽叶捆紧。

过米筛 [ku55mi55sa35]

“过米筛”就是将包好的粽子放在米筛中，“过”在这里是动词，“经过”的意思。

图7－50 过米筛

据说包粽子时如有孕妇路过，粽子就会煮不熟，粽子的中心就会“夹生古”。为了防止粽子煮不熟，包粽子时，就有了将粽子放在米筛的程序。当然，如果路过的孕妇主动地在煮粽子的灶里加把柴，粽子也可以顺利地煮熟。

烧包 [sɿ35piəu35]

指七月半烧纸钱等。吃过晚饭后，男女老少集体聚在空地上，给已故先人烧纸钱等。烧包就是给“祖公兜子”[tsɔ33kã35təu35lə33]送钱。烧包一般都是以大家庭为单位（一般是在世的最长的老人带领其后代为一单位）进行，全部家庭成员都要参加。如果父母在头年七月半到本年七月半之间过世，已经嫁出的女儿要在当年的七月半前回娘家“送包”[ɕiã55piəu35]。送的包，包括灵屋、灵衣裤、纸钱等。烧包前，先在坪地（一般是自家门前空旷的地方）摆下桌子。桌上摆上供品。供品一般是“头□[kʰuã21]粑粑”、酒等。再用石灰在桌前的地上画成一个圈，将金禾草铺在圈内，一张一张的纸钱以及灵屋等放在金禾草上燃烧。香和蜡烛都点在圈外。纸钱要一张一张地烧，烧纸钱时还一边口中念念有词，内容大致是请祖先来领钱，并请他们保佑后人。纸钱是各家自己准备的，多少没有规定。各家都愿意多买一些纸钱和蜡烛，以求得到祖先更多的保佑。

烧包后，所有人都要到桌前朝着烧包的方向作揖，一般是作三个揖。

烧包后将桌上的茶酒倒在烧的纸钱灰中，请祖先享用。之后，还要在路边点上线香，每隔三五米点一支，每支香的边上都烧几张纸钱，为的是给祖先们点灯照路，送他们回去。

烧包时，还会给一些没有后人的长者以及孤魂野鬼烧送纸钱，目的是请他们原谅家人的无意冲撞，保佑家人平安幸福。为了让他们能够得到这些钱，还要用石灰围成一个一个的圈。住在外地（如县城）的人，就地烧包，为了祖先的钱不至于被当地人夺走，也要用石灰画出一个一个的圈，分别在圈中烧纸钱。

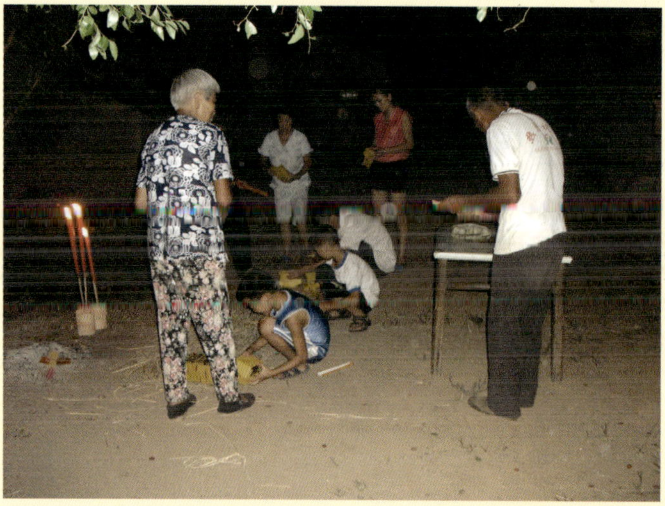

图7－51 烧包（1）

图7－52 烧包（2）

图7－53 点线香

图7－54 烧纸钱的圈

五　其他节日

交春 [tɕiəu^{35}tsʰuã^{35}]

又称“立春”[lɛ^{24}tsʰuã^{35}]。立春这天没有特别的活动。近年来，立春时很多家庭放鞭炮和烧纸钱。

惊蛰 [tɕio^{35}tsɿ^{33}]

宁远蛇虫多，惊蛰这天在墙脚撒上石灰，据说可以避免虫、蛇进屋子。现在已经没有这种活动了。

头风 [tʰəu^{24}fiã^{55}]

二月初九起“头风”，即当年开始刮大风。二月十九是“二风”[li^{21}fiã^{35}]。原来的屋子多半是盖瓦或者杉木皮，起风时，人们十分担心屋顶被刮走。为防止屋顶被风刮走，在头风和二风这天，要在屋子外墙的四角或者屋顶的四角“压风”。压风时，将两束稻草的两端分别打结，再将这两束稻草叠成十字架，用一片瓦或石块压在十字架中间的交叉处。

七月七香 [tsʰɛ^{213}vei^{21}tsʰɛ^{213}ɕiẽ^{35}]

七月初七中午要吃“七样青菜”[tsʰɛ^{213}iẽ^{21}tɕʰio^{35}tɕʰia^{55}]，即“七月七香”，这一道菜中有七种蔬菜。据说吃了可以防止长痱子。

谷雨茶 [kɔ^{213}vu^{55}tsʰo^{24}]

谷雨这天采制茶。喝谷雨茶可以清热解毒，免生疮疖。

冬至豆腐 [tiã^{35}tsɿ^{33}t^{h}əu^{21}fu^{21}]

人们认为冬至磨的豆腐特别香。所以很多人在这天磨豆腐。到了冬至，农村开始有人熏制腊肉。

图7－55 压风

图7－56 七月七香

捌·游戏娱乐

图8－1 猜帮

改革开放前，宁远交通不便利，经济不发达，人们没有闲暇，娱乐游戏的数量极为有限。宁远县的游戏娱乐种类不多，很多生产性劳动本身就被儿童们当作娱乐，如捉鱼、钓青蛙、摸田螺、挖老鼠、养蚕虫、采摘野果子，等等。一些娱乐活动就在劳动中进行，如看牛时的摔跤，寻猪草时的打瓦。多数儿童在追逐嬉笑中寻求愉悦。宁远的儿童玩起来比较野，所以一些玩耍活动具有危险性，如捉黄蜂、蜥蜴等。儿童的游戏娱乐中有一些玩具，这些玩具多半是他们自己或者他们的家长制作的。上世纪，小孩在课堂上偷偷地做纸工，如飞机、船、帽子等，老师和家长收缴不尽。新世纪以来，儿童视野变开阔，活动空间变大，他们的游戏娱乐更多地从幼儿园和电视网络上学来，形式丰富多样，绝大多数玩具从商场买来。虽然课堂上教学生做手工，手工成为一种作业，但学生却不乐意做。

上世纪，宁远成人很少参加游戏娱乐活动。成人的游戏娱乐主要是打牌和下棋，猜拳也被认为是成人的娱乐。他们不但在喝酒时猜拳，在无酒的情况下也切磋拳技，即“猜干拳”。成人的游戏娱乐主体是男性，女性几乎没有自己专门的娱乐活动。改革开放后，人们生活水平提高了，闲暇也多了，电视、网络逐渐进入平常百姓家，很多人把闲暇花在打牌、看电视、上网上，游戏娱乐的方式逐渐与城市接轨。女性加入到打牌、打麻将队伍中来，而且县城的女性开始跳起了广场舞，乡镇的女性成立了腰鼓队（他们的活动与其说是娱乐，不如说是赚钱）。

宁远的戏剧曲艺也很少。上世纪，本地有“耍灯”演出的活动，但现在已经没有人“耍灯”了，原来的戏班子也散了。现在，“唱戏”的多数是从外地请来的戏班子。一些杂技表演，演出的也主要是外地人。

一　游戏

猜帮 [tsʰa³⁵pẽ³⁵]

“猜帮”原本是将众人分组的手段，后来演变为定胜负的手段。“猜帮”就是通过“石头剪刀布”来定胜负。“猜帮”时，出掌为“包”[piəu³³]，出中指和食指为“夹”[ka²¹³]，出拳为“拳”[kʰuã²⁴]，所以也称猜“包夹拳”。可以两人，也可以多人同时猜帮。在游戏开始前，一般要通过“猜帮”来决定游戏先后。

倒马 [tie³³mo⁵⁵]

两人玩的手指游戏。先通过“猜帮”确定谁先出击。游戏双方都弯曲中指和无名指，伸直大拇指、食指、小拇指，采取交互出击的方式，直到定出输赢。先出击的一方有权力让对方收回伸直的三指中的任何一指头，而后在对方要求下，后出击方弯曲指定的指头。双方都只有一个指头伸直时，比较这两个手指的大小确定输赢：大拇指胜中指（称“砍”[kʰã³³]），中指胜小拇指（称“啄”[tɔ⁵⁵]），小拇指胜大拇指（称“处”[tɕʰy⁵⁵]）。这种游戏一般是大人带着小孩玩。

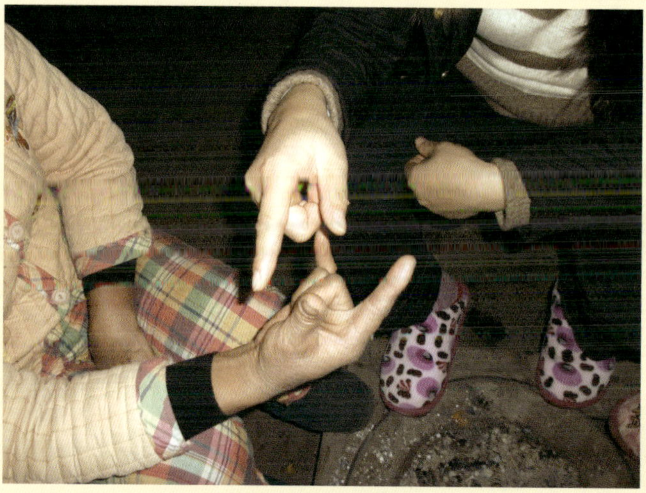

图8－2 倒马

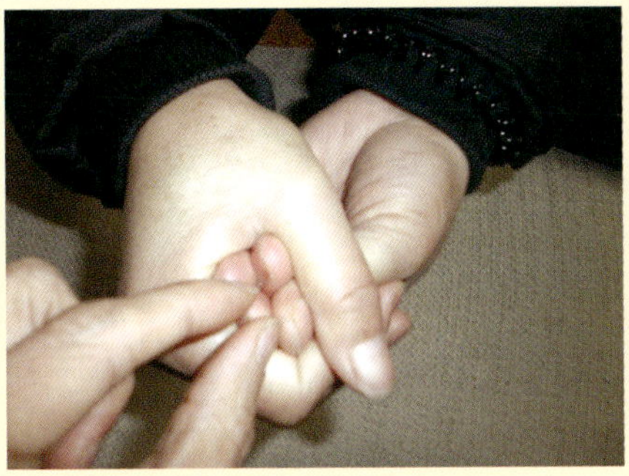

图8－3 搭猪崽崽

图8－4 □马[$pa^{213}mo^{55}$]

搭猪崽崽 [$xa^{35}tɕie^{55}tsə^{55}tsə^{33}$]

两人玩的游戏。无名指为“猪崽崽”，一人将右手的无名指和左手的四个指头并在一起，并打乱五指的顺序，用右手将这五个指头握住，要求另一人识别出哪个手指是无名指。无论大人小孩都玩这种游戏，但主要是大人逗着小孩玩。

□马 [$pa^{213}mo^{55}$]

即扳手腕。也称“捣马”。成年男子在聊天过程中，谈及力量时会比试扳手腕。男学生也常常在课余比试扳手腕。很少看到女性扳手腕。

拖凳板 [$t^{h}ə^{35}tiã^{55}pie^{33}$]

拖凳板就是拖板凳，是两个人玩的游戏。两人分别用手掌托着条凳的两边，但不能握，即大拇指不能接触凳子，两人同时使劲，迫使板凳从另一人手中掉落。拖凳板一般是成年男性玩，正月里“过人家”，饭后无事，一人提议后，就两两比试。现在，饭后人们就开始打麻将、打牌，很少有人拖凳板。

图8－5 拖凳板

图8－6 食子

图8－7 挑屎坑

食子 [ʅ^{21}tsʅ^{33}]

女孩玩的游戏。选择五个大小合适又比较圆滑的小石子。这种游戏可以单独玩也可以轮流玩，轮流玩就要通过“猜帮”确定顺序。首先是“食双”，向上抛起一个石子，快速将其余石子放在地上后，接住落下的石子。然后，将手中其中一个石子抛起，快速抓起地上的任意两个石子后并接住落下的石子。再抛起手中的一个石子，将地上剩余的两个石子抓在手中后再接住落下的石子。接下来抛子要求不变，但抓石子和接住抛起的石子有越来越严格的要求，分别称“食三”“换”“扫”“簸”“跳”“量”“秤”等。没有接住，或者没有按照要求接住或抓起石子，则轮到下一位食子。现在也有小男生参与这种活动。

挑屎坑 [ti^{35}sʅ^{33}k^{h}ie^{55}]

两人玩的游戏。上世纪主要是女孩玩，现在也有男孩参加。一人服务，另一人玩耍，两人轮流。服务的一人将一段线围成一个圆圈，从双手的手指中绕过，另一人将其翻出各种花样。待服务者的十指能够脱离出来，线在玩耍者的十指上，且没结成死结，这一轮结束，玩耍者成功。如果出现了死结，则称为“屎坑”，这轮游戏结束，玩耍者失败。

打水漂 [ta^{33}suɛ^{33}p^{h}iəu^{55}]

打水漂一般是男性的活动。他们用石块在水中打水漂，比试谁打出的水漂数量多。大人小孩都玩。三五人在河边或者池塘边工作、休息时，常常通过比试打水漂来放松。

打百 [ta³³pə²¹]

男孩玩的一种游戏。在一块较大的石头上，放上一块较小的石头，不断叠上去，就是“百”。人站在指定的距离外，用石头投击“百”，打落的石头的多少就是得分的多少。男孩常常用这种方式赌博。赌资可以是一把猪草、一个四角板、一条蚕虫，等等。这种游戏一般在放学路上或寻猪草中途休息时进行。现在很少有人玩这种游戏了。

图8－8 打水漂

图8－9 打百

图8－10 打板

图8－11 打弹弹棋

打板 [ta^{33}pie^{33}]

小男孩常常用书纸折成四角板。四角板有多种玩法，一种是对打，通过猜拳决定先后，输的一方将自己的四角板平放在地上，另一方用自己的四角板砸向地上的，将地上的板掀翻，可以将其收归己有。赢者的板放在地上不动，输者再掏出一张，力求将地上的板掀翻。这样依次进行。第二种是先画好一个圆圈，将对方的板砸出圆圈就可以收归己有。第三种是多人玩，每人按照同等数量拿出纸板，叠成沓，每人手中持有一张较好的板，轮流砸打板沓，掀翻的都可以收归己有。这种玩法也叫“打沓沓”[ta^{33}t^{h}o^{24}t^{h}o^{55}]。上世纪流行于中学生之间，主要是男生玩，现在很少人玩打板了。

打弹弹棋 [ta^{33}tã^{24}tã^{55}ts^{h}ɿ^{21}]

即玩弹珠。流行于小学低年级学生（主要是男生）中。有多种玩法，一般是将自己的弹珠弹出后，击中对方的弹珠，或者将对方弹珠击到规定的区域内，即可以赢得对方的弹珠。“弹弹棋”是来自官话的借词。

分田地 [piã^{35}t^{h}ã^{24}t^{h}ɛ^{21}]

又称“划地主”。在地上画出一个圈，依次用小刀投向其中，每投一次，便通过投的点将圆圈分成两等份，后来者就只能在其中的一份里投。上世纪中小学生课间玩这种游戏，主要是男生。现在已经没有人再玩这种游戏了。

打地落公 [ta^{33}t^{h}ɛ^{21}lɔ^{21}kã^{55}]

即打陀螺。打陀螺是上世纪六七十年代儿童很常见的活动。陀螺一般都是自己或者父母削成，有的陀螺着地处还钉有铁钉。抽打陀螺的鞭子，多数用棕树叶子或者树皮制成。到了冬天，在晒谷坪上常常可以看见一群小孩抽打陀螺，他们不但比试谁的陀螺转得久，还比陀螺相撞时谁的陀螺力量大，不容易停下来。一般是男生玩，女生很少参与。现在已经没有人玩陀螺了。

苦栗崽崽 [ɔ²¹li²¹tsə³³tsə³³]

苦栗崽崽是苦栗子，即槠树的果子。孩子们自己上山或者从成人打回的柴中，将苦栗子摘下，晒干后就成为小陀螺。他们将苦栗子在课桌上、平地上旋转，以一次性旋转时间长而自豪。[ɔ²¹li²¹]应该是“苦栗”的音变，有的地方进一步变为[ɔ²¹liəu²¹]。

吹泡泡 [tsʰuɛ³⁵pʰiəu⁵⁵pʰiəu⁵⁵]

即吹肥皂泡。农村孩子把洗衣粉水或者肥皂水装在瓶子中，用蕨或者稻草做成管子，从瓶子中蘸水吹出一个个水泡。现在也有人从商场买来玩。一般是十岁以下的孩子玩。

图8－12 苦栗崽崽

图8－13 吹泡泡

滚滚子 [kʰã²¹kʰã²¹lə²¹]

即推铁环。铁环往往是已经废弃的澡盆或者木桶的箍子。上世纪六七十年代，推铁环在男孩中十分流行。现在农村没有人推铁环了，但城镇的幼儿园置备了铁环供幼儿园小朋友玩。

图8－14 滚滚子

啪啪铳 [$p^hia^{55}p^hia^{55}ts^h\tilde{e}^{55}$]

图8－15 啪啪铳

一种用竹筒做的玩具枪。有两种类型，一种用两节竹子做成。用一节长约十厘米的竹子做成枪管，孔小的一头是枪口。将一根筷子削成刚好能插进枪管的大小，筷子的一头插进两厘米左右的带节的竹子中，塞紧使之固定，露出部分比枪管稍短。这就是枪把。把纸浸湿，揉成小团，塞进枪管，用枪把将纸团顶到枪口处；再将另一纸团塞进枪管。射击时，只要把枪把猛地一推，靠空气压力就能把原来枪口的纸团射出去。也有人用樟树籽代替纸团。纸弹打出的时候发出“啪啪”的声音，所以称这种玩具为“啪啪铳”。在枪管上接一节竹筒，竹筒的内径刚好容下一粒樟树籽，就成为了能连续发射的“冲锋枪”。

这种玩具枪都是儿童自己制作，多数是上小学的男生玩。因为有一定的危险性，所以家长和老师都收缴这种枪，孩子们只能偷偷地玩。现在已经没有人玩这种铳了。

弹弓 [$t^h\tilde{a}^{21}ko\eta^{33}$]

男生的玩具。用树枝或者铁丝、胶圈、一小块橡皮做成。一般比试射击的准确性，也用来打鸟。

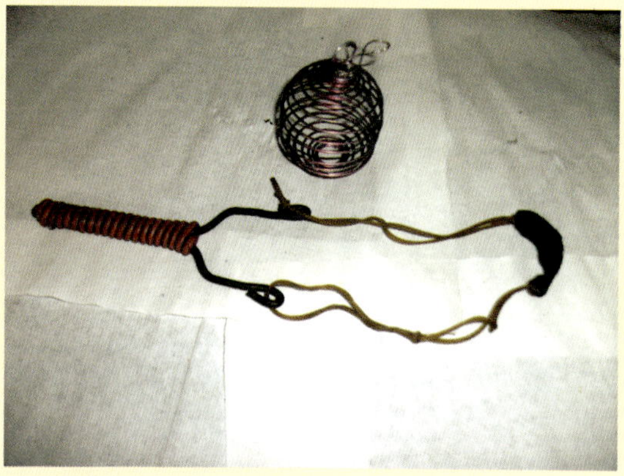

图8－16 弹弓（1）

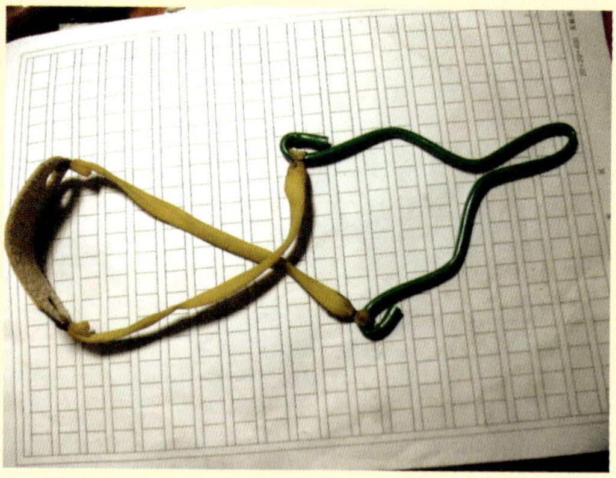

图8－17 弹弓（2）

射箭 [$so^{21}ts\tilde{a}^{55}$]

一般是男生玩。弓用竹片和粗线做成，箭则用较细的高粱秆子做成。找不到高粱时，孩子们就从高粱扫把上拆下其中的秆子，在前端插上一截竹子，制作成箭。几个人也比试射击的距离和准确性。弓箭一般只能偷偷地制作和玩耍。

图8－18 射箭

图8－19 飞飞机

图8－20 纸飞机

飞飞机 [pa^{35}fei^{33}tsɿ^{33}]

即飞纸飞机。小孩常常在冬天叠成纸飞机后比试谁的飞机飞得高，飞得久。小孩在飞出纸飞机前，要用口对着纸飞机的尖头呵一口气（没有人知道这是为什么）。飞机有多种形状，其中细长的又称为火箭。男孩和女孩都玩这种纸飞机。

抈纸铳 [vɛ^{213}tsɿ^{33}ts^{h}ẽ^{55}]

学生在课堂上偷偷地做。除了抈纸枪外，小学生还用课本或者书纸抈飞机、船、帽子等。

图8－21 戴毛毛

图8－22 扎蜂子□子[tsa^{213}p^{h}iã^{35}lə^{33}t^{h}əu^{55}lə^{21}]

戴毛毛 [tia^{55}mie^{55}mie^{55}]

“毛毛”就是耳环。成人在剁红薯藤（做猪潲）时，为了打发在旁边碍事的小孩，或者为了逗他们玩，就用红薯叶子的柄，做成形状像项链的假耳环，挂在他们的耳朵上。家长也委托稍大一点的小孩或者鼓励小孩自己做“毛毛”。

扎蜂子□子 [tsa^{213}p^{h}iã^{35}lə^{33}t^{h}əu^{55}lə^{21}]

用棕树叶子，编织成蜂窝。一般是女孩做的手工。这种手工，只供自己玩，也互相比谁做得好。有的也编织成小鱼、小虾等小动物。现在已经没有人做了。

穿斋公崽崽 [ts^{h}uã^{35}tsa^{35}kã^{55}tsə^{33}tsə^{33}]

薏米外形像念珠，平话称为“斋公崽崽”。“穿斋公崽崽”就是将薏米粒用线串起来。秋冬季节，人们打柴时，在山涧中采回薏米。小孩用线将其串起来。有的人（包括少数成年女性）将其戴在脖子上；有的小孩用它来做“跳伍”（跳格子的游戏）的道具。现在很少人戴这种斋公崽崽了。

图8－23 斋公崽崽

搭狗婆蛇 [xa^{35}kəu^{33}p^{h}u^{33}so^{24}]

捉拿蜥蜴，并用绳子拴着，牵着蜥蜴玩耍。主要是男生玩。

搭唧唧哟 [xa^{35}tsɿ^{55}tsɿ^{55}io^{33}]

夏天的中午，小孩在竹竿的顶端缠上黏性很强的蜘蛛网，用来粘住树上的知了。

搭萤火□□ [xa^{35}iou^{24}fu^{21}me^{33}me^{33}]

夏天的夜晚，孩子们把萤火虫捉来放在空的墨水瓶中，比赛谁捉的萤火虫多，谁的瓶更亮。男孩和女孩都玩。

搭蜂子 [$xa^{35}p^{h}i\tilde{a}^{35}lə^{33}$]

春天和秋天，农村的孩子们常常到田野中捉蜂子。捉蜂子的工具是用稻草制作的简单套子，套住后将蜂子装进瓶子中。有的小孩，待蜂子钻进墙壁的洞中后，就将透明的瓶子的口对准洞口，待蜂子钻进瓶中后，快速用瓶盖盖上。为了防止蜂子在瓶中窒息，就在瓶盖上钻一小孔。上世纪六七十年代，男孩特别喜欢捉蜂子。虽然父母惩罚十分严厉，有时他们自己还会遭受蜂子的毒蜇，但这些丝毫都不会减少他们捉蜂子的兴致。现在没有人捉蜂子了。

搭飞嫫嫫 [$xa^{35}fei^{33}mɔ^{33}mɔ^{33}$]

用稻草做成可以套住蝴蝶的工具，在菜花中捉蝴蝶。男孩女孩都玩。能捉到蝴蝶的人不多，但他们乐此不疲。“飞嫫嫫”也称“飞杆嫫嫫”[$fei^{33}k\tilde{a}^{55}mɔ^{33}mɔ^{33}$]。

套老鼠 [$t^{h}ie^{55}lie^{55}çie^{21}$]

秋天，田里的稻子打完了，田里的水也干了。小孩在田间，看鸡鸭，看牛，傍晚回家前用石板设套，装在老鼠洞口。套子很简单，一根小木条支撑一块平整的石板，木条上有肉等诱饵。第二天来查看。一般很难捕捉到老鼠。现在几乎没有人这样捉老鼠了。

搭阳杆咩咩 [$xa^{35}i\tilde{a}^{21}k\tilde{a}^{55}mie^{33}mie^{33}$]

“阳杆咩咩”即蜻蜓。上世纪七八十年代，一般每个行政村都有一所小学，从家里到学校有一定的距离但不会太远。春夏之交的周末，放学回家的路上，小学生常常在田边捉蜻蜓，捉到的自然是少数人。现在学校上学早，放学晚，捉蜻蜓的人很少。

图8－24 跳绳（1）

跳绳 [$t^{h}iɔ^{24}su\tilde{e}^{21}$]

两人持绳、甩绳，跳绳的则可以一人，也可以多人。跳的过程中踩住了绳的人被罚下，在下一轮中持绳。除了小姑娘跳外，上世纪，一些中学生也跳绳。现在，有不少男生甚至成人也开始参与跳绳。“跳绳”是来自官话的借词。

图8－25 跳绳（2）

图8－26 跳橡皮筋

图8－27 跳伍

跳橡皮筋 [tʰiɔ^{24}ɕiã^{24}pʰi^{21}tɕiẽ^{33}]

两人面对面站立，橡皮筋从他们身后绕过，其他人在他们之间的橡皮筋上跳出各种动作。可以有多种跳法，一般跳完一轮后升级，级别越高难度越大。玩橡皮筋的主要是学前班的小朋友以及小学生，以女生为主。“跳橡皮筋”是来自官话的借词。

跳伍 [tʰiɔ^{24}vu^{55}]

就是跳格子。在平地上画出一些格子，轮流跳。开始时，人站在格子外，将小包、斋公崽崽或者瓦片抛入指定的格子中，通过不同途径将小包或者瓦片捡起，或者将其踢入指定的格子中。不能完成预定动作的则下来，第二人上场，依次轮流。最先完成所有规定动作的为胜。可以两人或者三人一组。上世纪很流行跳伍，现在很少人跳。

打球子钱 [ta^{33}tɕʰiəu^{24}lə^{33}tsʰã^{24}]

即踢毽子。宁远玩的“球子钱”有多种，或者用铜钱制成，在铜钱的四周镶嵌上五彩鸡毛；或者用干红薯叶扎成球状；或者将包扎带剪成细条，扎成球状。大多数人玩的“球子钱”是用后两种材料做成。踢毽子的一般是女性。上世纪七八十年代很多人踢毽子，现在很少有人玩了。

鸡婆带崽崽 [tsɿ^{35}pu^{55}tia^{55}tsɘ^{33}tɵo^{33}]

即老鹰捉小鸡的游戏。一人充当老鹰，一人充当母鸡，具余人充当小鸡。通过猜拳确定老鹰角色。“小鸡”依次拉着前面一人的后衣襟，躲在“母鸡”的后面。被老鹰捉住的“小鸡”退出该轮游戏，所有的“小鸡”被捉住则游戏结束。这种游戏参与的人可

图8－28 打球子钱

图8－29 鸡婆带崽崽

以很多，上世纪经常看到有人玩这种游戏，有时候成人充当“母鸡”带着孩子们玩。现在不容易看到玩这种游戏的场面了。

藏榨 [$ts^{h}\tilde{e}^{24}tso^{55}$]

即捉迷藏。多人藏起，一人寻找。事先约定躲藏范围，通过猜帮或者出手背手掌来定输赢，赢者躲藏，输者寻找躲藏的同伴。如果躲藏太久而找不到时，躲藏者就高喊“榨油出堂”，宣布游戏重新开始。上世纪，小学生特别是中低年级的小学生，周末或者晚上经常玩这种游戏。现在小学生家庭作业多，而且其他娱乐项目也较多，很少看见玩藏榨的场面了。

搭摸哒操 [$xa^{35}mo^{33}ta^{21}tɕ^{h}ic^{33}$]

一种多人参与的游戏。先用石块或者粉笔在地上画出一个大的圆圈。在这个圆圈内，一人蒙住眼睛，设法捉住其他人。捉住一人或者把一人逼出界外则一轮游戏结束。这种游戏流行于学前以及小学低年级学生中。课间，他们在这种追逐中取乐。

□□□ [$lə^{33}lə^{33}ɕia^{213}$]

一种捉迷藏的游戏。通过猜帮来决定谁来捉人。输者被蒙上眼睛，蹲在众人围成的圆圈中央。其他人再手牵手围着他转圈，一边转圈，一边喊“$lə^{33}lə^{33}$……$ɕia^{213}$”，待准备好后，同时喊

图8－30 □□□ [$lə^{33}lə^{33}ɕia^{213}$]

图8－31 丢手巾

出“ɕia^{213}”，并纷纷跑到附近蹲下来（允许离开的距离是事先约好的）。而后，蒙眼睛的人要摸到其中一个人并指出他的名字来，被摸中者替换蒙眼睛的人，游戏继续进行。这种游戏在小学生中流行。

丢手巾 [kʰuei^{21}səu^{33}tɕiã^{55}]

手巾即手绢。丢手巾是一种集体游戏。通过猜帮选定一人持手绢，众人手牵手跑动转圈，当圈最大时停止并蹲下。持手绢的人围绕众人围成的圈快速奔跑，并趁人不注意时将手绢放在其背后。蹲着的人不能往后看，但可以用手摸，如果及时发现手绢放在自己背后，则迅速捡起并尽力追上丢手绢的人。如果在放手绢的人再次奔跑到自己身后时还没有发现手绢，则被罚（如唱歌），如果及时发现并迅速追上放手绢的人，则罚放手绢的人。这种游戏在上世纪流行于女生中，现在开始有男生参与。

图8－32 丢包

图8－33 踏碓（1）

图8－34 踏碓（2）

丢包 [k^{h}uei^{21}piəu^{35}]

一种集体游戏。分成两组，面对面站立。一组先进攻，将小包投向对面的人，对方被打中的人被罚下来。继续投击，将对方所有人击中后，游戏结束。如果被对面的人接住，则可以将被罚下的一个同伴接回，并改由该方进攻。现在的小学生不论男女都玩这种游戏。

踏碓 [t^{h}ə^{21}tə^{55}]

踏碓，其实就是跷跷板。将两张条凳十字交叉，一条凳子放在另一条凳子上，两人分别坐在上面凳子的两边，一人使劲将对方支上去，而后，对方将自己支上去。一上一下与踩踏碓相似。一般是五六岁的小孩玩，也有大人带着小孩玩。

两人背对背轮流将对方背起来也称“踏碓”。

打秋 [ta^{33}tɕ^{h}iəu^{35}]

即荡秋千。秋千一般用稻草编织成，挂在树枝上。夏天的中午，父母安排小孩翻晒稻子和赶鸡（不让鸡啄食稻谷）。稻子不需要一直翻动，所以人也不必一直在太阳下。他们便将秋千挂在晒谷坪附近的树荫下，乘凉和荡秋千。现在不需要赶鸡了，荡秋千的人也很少了。

图8－35 打秋

图8－36 滚跌子

滚跌子 [k^{h}ã^{21}t^{h}ie^{21}lə^{21}]

即摔跤。也称“扳跌子”[pẽ^{33}t^{h}ie^{21}lə^{21}]或“扳□□”[pẽ^{33}sɿ^{35}p^{h}ɛ^{55}]。秋收后的田里，水已经干了，但泥巴还不硬。一些男孩在看鸭子、放牛的过程中，在田里三三两两比拼摔跤。

图8－37 撞角

撞角 [ts^{h}ẽ^{21}tɕiəu^{213}]

两人玩的游戏。流行于小学生中。两人单腿站立，将一只腿弯曲后搁在另一条腿上，一手托着小腿，一手压在大腿上，跳着攻击对方，迫使对方抬着的腿先着地。由于推撞时的着力点主要是弯曲的像角一样的腿，所以称“撞角”。也有人称为“斗鸡”。上世纪六七十年代，农村缺衣少食，到了冬天，为了御寒，学生们下课后常常进行这种竞技活动。现在虽然经济条件好了，但到了冬天，小学学校中还常常可以看到一群人两两撞角的场面。

图8－38 挤油

挤油 [tsɿ^{33}iəu^{24}]

小学生课间暖和身子的一种游戏。冬天的课间，小学生靠墙用身体互相推挤。两边的人往中间用力挤压，整个场面像榨油一样，似乎要将中间的人的油挤出来，所以称“挤油”。这种游戏并无输赢，不断有人加入也不断有人退出。

跳马 [tiɔ^{24}mo^{55}]

即跳山羊。一人弯腰作为山羊，另一人纵身抬腿从其身上跨过。大家轮流当山羊。这种游戏流行于小学高年级学生中。

拔河 [p^{h}a^{21}xo^{21}]

上世纪，农村没有拔河的游戏。进入新世纪后，小

图8－39 跳马

图8－40 拔河

学中高年级的学生开始在村子里进行拔河比赛活动。这种活动很随意，可以两人一组，也允许一组的人数多于另一组，没有裁判，也没有观众，完全是自娱自乐。学校组织的拔河比赛，则有比赛规则约束。

摆过过饭饭 [pia^{33}ku^{55}ku^{55}mã^{33}mã^{33}]

即过家家，又称“打过过饭饭”。玩这种游戏的多数是学前儿童，但也有学龄儿童参与。他们用泥土当作饭菜，用碎瓦片当作碗，用树枝当作筷子，模仿成人煮饭炒菜吃饭的全过程。

耍泥巴巴 [sua^{33}li^{24}pa^{33}pa^{33}]

幼儿和小学低年级学生喜欢玩泥沙。玩泥沙有多种，一种是将泥沙垒成不同形状，一种是将泥巴捏成不同器物或者动物形状，男女儿童都喜欢玩。男孩还将泥巴捏成碗状，砸在平整的地上，欣赏炸破的响声。

图8－41 摆过过饭饭

图8－42 耍泥巴巴

图8－43 三三棋

下三三棋 [xo^{55}sã^{33}sã^{33}tsʰɿ^{21}]

“三三棋”一般两人对下。棋盘为三个大套小的正方形，三个正方形的四个角和四边中心画线相连。对弈双方各执不同形状的棋子，轮流在线的交叉处放自己的棋子，如果自己的棋子三个成一线，就可以打掉对方任何一个棋子。待所有位置下完后，再将被打掉的棋子撤下。后下棋的先走棋。走成三子一线，就叫“三一线”，可以吃掉对方任何一个棋。棋子被吃完一方为输。上世纪，三三棋是宁远最常见的一种棋，水泥坪子、拱桥等供人休闲的场所有用碎瓷片镶嵌成的棋盘。中午或者傍晚，人们休息时，三三两两常有人下这种棋。现在很少有人下这种棋。“三三棋”是来自官话的借词。

猪婆棋 [tɕie^{35}pu^{55}tsʰɿ^{21}]

两人对下的一种棋。一方只有一子，为猪婆；另一方有十六子，为猪崽。双方轮流走棋，猪婆先走，猪崽后走。猪婆走进左右两边猪崽数对称的地方时称为“挑”[ɔ^{33}]，即可以将这些猪崽吃掉，吃完猪崽则猪婆获胜；猪崽把猪婆关进不能动弹的地方（即猪楼）为赢。猪崽要避开猪婆的挑，并设法围住猪婆，迫使猪婆走进小田字格，最后无路可走。猪崽不失误，一般都会赢猪婆，其寓意是猪婆被关在笼中，不出来损坏庄稼。

上世纪，村民闲暇时下猪婆棋比较常见，现在还偶尔看见人下。

图8－44 猪婆棋

图8－45 滑滑板

图8－46 打麻将

滑滑板 [fa^{21}fa^{21}pã^{55}]

滑板是上世纪九十年代后才出现的玩具。

打麻将 [ta^{33}mo^{24}tɕiã^{55}]

麻将上世纪末开始在农村流行。麻将一开始就是一种赌博方式，只是输赢的数目较小。现在很多家庭备有麻将。

打扑克 [ta^{33}p^{h}u^{55}k^{h}ə^{24}]

常见的玩法有升级、包牌、斗地主、300 分、大吃小、斗牛等。上世纪打牌，对输家有些惩罚，比如输者钻桌子等。现在玩牌，多数带一点赌博的色彩。春节期间，农村几乎家家都摆麻将牌桌供客人娱乐。其他季节，劳作以后，人们也聚在一起玩扑克。

二　口传文艺

吟《天螺螺》[tɕ^{h}io^{33}t^{h}ã^{35}lə^{24}lə^{55}]

天螺螺即蜗牛。小孩子常常捉来蜗牛，看它将身子从壳中伸出来。为了使之伸出，他们常常拿着蜗牛的壳，很投入地反复吟唱：“天螺螺，地螺螺，我打鼓来给你听，你伸角来给我看，咚咚咚，咚咚咚！”玩天螺螺一般在夏天，特别是夏天的中午。有一个人单独玩的，也有三五个人围着一个蜗牛玩的。

图8－47 吟《天螺螺》

吟《蚂蚁崽崽》[tɕ^{h}io^{33}ma^{55}iẽ^{21}tsə^{33}tsə^{33}]

一个或者一群小孩（一般是学前儿童）将死的果蝇、蜻蜓、蚱蜢等放在蚂蚁前面，一边反复吟唱《蚂蚁歌》，并耐心地等着蚂蚁引来大的队伍，抬着食物往洞中走，一直到蚂蚁将食物抬进洞中。《蚂蚁歌》如下：

蚂蚁打蚂蚁打崽崽，蓰打打蓰打打蟥蟥。

ma^{55} iẽ^{21}ta^{55}ma^{55} iẽ^{21}ta^{55}tsə^{33}tsə^{33}，p^{h}ie^{21}ta^{55}ta^{55} p^{h}ie^{21}ta^{55}ta^{55} iã^{24}iã^{21}。

子子咩咩叫叫，叫你来来。

tsə^{33} tsə^{33}mie^{33}mie^{33} tɕiɔ^{24}tɕiɔ^{24}，tɕiɔ^{24}ŋ^{55}la^{24}la^{21}。

你不来来，先来的，啃块肉：后来的，啃骨头。

ŋ^{55}mu^{21}la^{24}la^{21}，sã^{35}la^{24}kə^{33}，k^{h}a^{33}k^{h}ia^{55}vu^{33}，xəu^{33}la^{24}kə^{33}，k^{h}ã^{33}kua^{213}t^{h}əu^{33}。

骨头骨老丢呱去，盯牛儿子捡到吃。

kua^{213}t^{h}əu^{33}kua^{213}lie^{55} k^{h}uci^{21}kua^{33}xɔ^{55}，tio^{21}ŋəu^{24} lɔ^{24}tə^{33} tɕie^{213}tie^{33} ɿ^{21}。

吟《排排坐》[tɕʰio^{33}pʰia^{24}pʰia^{55}tsʰə^{55}]

这是较大的小孩（或者成人）带三五个小孩玩的游戏。为了不让他们乱跑动，成人（或者较大的孩子）安排其他孩子坐成一排，然后吟唱《排排坐》。特别是客人较多的时候，主人找出一个听话的小孩来照顾更小的孩子时吟诵。现在很少听到有人吟诵了。官话的《排排坐》词是“排排坐，扯路路。路路香，买籽姜。籽姜辣，买枇杷……”平话的《排排坐》词如下：

图8－48 吟《排排坐》

排排坐，客客来。

pʰia^{24}pʰia^{55}tsʰə^{55}，kʰo^{213}kʰo^{33}la^{24}。

没菜食，杀嘎嘎（鸭了）。

mə^{55}tɕʰia^{55}ʅ^{21}，sa^{213}ka^{213}ka^{33}。

嘎嘎枯（瘦），接尾姑（满姑）。

ka^{213}ka^{33} xɔ^{35}，tsʅ^{213}ma^{55}kɔ^{55}。

尾姑路上折了（丢了）梳，哪人捡到予□（还给）我。

ma^{55}kɔ^{55} lɔ^{21}sẽ^{21}lo^{24}lie^{33}sɔ^{35}，lie^{21}ŋ^{33} tɕie^{213}tie^{33} ie^{35}pʰiẽ^{55}io^{55}。

我过金家接大姑。大姑喊我食，我勿食；喊我兜，我勿兜。

io^{55}ku^{55}tɕiẽ^{33}ko^{55} tsʅ^{213}tʰo^{21}kɔ^{55}。tʰo^{21}kɔ^{55}ɕiəu^{213}io^{55}ʅ^{21}，io^{55}mu^{21}ʅ^{21}；ɕiəu^{213}io^{55}təu^{35}，io^{55}mu^{21}təu^{35}。

拃（跨）个门槛捡两包。一包金，一包银。

tɕʰio^{21}ta^{55}miã^{24}tɕʰie^{55} tɕie^{213}liẽ^{55}piəu^{55}。ʅ^{33}piəu^{35}tɕiã^{35}，ʅ^{33}piəu^{35}liã^{24}。

带到归来，予哥哥买亩田/（讨个亲）。

tia^{55}tie^{33}kuɛ^{35}xɔ^{55}，ie^{35}ko^{33}ko^{33} mia^{55}mɔ^{55}tʰã^{24}/（tʰie^{33}ta^{55}tɕʰiã^{35}）。

筛锯扯锯 [sa^{35}tɕie^{55}ya^{213}tɕie^{55}]

这是在逗婴儿的时候吟诵的歌。词如下：

筛锯扯锯，爱食精菜，肥的勿食，留倒炼油铛。

sa^{35}tɕie^{55}ya^{213}tɕie^{55}，ə^{55}ʅ^{21}tɕio^{35}tɕʰia^{55}，fɛ^{24}kə^{33} mu^{21}ʅ^{21}，liəu^{24}tie^{33} lã^{21}iəu^{24}tɕʰie^{55}。

缺牙齿 [kʰuei^{213}ŋo^{24}tsʰʅ^{21}]

这是对换牙还没有长出新牙齿的小孩吟唱的词：

缺牙齿，刮狗屎，刮倒回去肥果子/（刮到多多屋腹吃果子）。

k^{h}uei^{213}ŋo^{24}ts^{h}ʅ^{21}，kya^{213}kəu^{33}sʅ^{33}，kya^{213}tie^{33} kuɛ^{35}xɔ^{55} vɛ^{35} ku^{33}tsʅ^{33}/(kya^{213}tie^{33}tə^{35} tə^{55} ɔ^{21} pu^{33} ʅ^{21} ku^{33}tsʅ^{33} ）。

月亮公公 [vẽ^{21}liẽ^{33}kã^{35}kã^{55}]

这是在有月亮的晚上，吟诵给小孩听的。词如下：

月亮月亮公公，月亮月亮舅舅。

vẽ^{21}liẽ^{33} vẽ^{21}liẽ^{33} kã^{35}kã^{55}, vẽ^{21}liẽ^{33} vẽ^{21}liẽ^{33} tɕ^{h}iəu^{213}tɕ^{h}iəu^{21}。

水牛过河，□（踩）到泥鳅。

suɛ^{33}ŋəu^{33} ku^{55}xa^{35}，ləu^{21}tie^{33} li^{24}tɕ^{h}iəu^{55}。

泥鳅告状，告到禾神。禾神戽水，戽到海鬼。

li^{24}tɕ^{h}iəu^{55} ke^{55}ts^{h}ẽ^{21}，ke^{55}tie^{33}vu^{24}sẽ^{21}。vu^{24}seŋ^{21} sɔ^{55}suɛ^{33}，sɔ^{55}tie^{33} xə^{33}kuɛ^{33}。

海鬼钓鱼，钓头鳖鱼。

xə^{33}kuɛ^{33} ti^{55}ŋɔ^{24}，ti^{55}tie^{33} pi^{213}ŋɔ^{33}。

鳖鱼生只□□（蛋），予你送冷饭食。

pi^{213}ŋɔ^{33} ɕie^{35} tso^{33} k^{h}a^{21}k^{h}a^{21}，ie^{35} ŋ^{55} ɕiã^{55} lo^{55}ma^{33} ʅ^{21}。

拱拱形 [koŋ^{55}koŋ^{55}ɕiẽ^{21}]

二胡，唱戏或者红白喜事时“打鼓”[ta^{33}kɔ^{33}]（乐师）用。

鼓 [kɔ^{33}]

唢呐，唱戏或者红白喜事时“打鼓”（乐师）用。

嘣嘣 [poŋ^{21}poŋ^{21}]

鼓，“嘣嘣”是敲击时发出的声音。

恰恰 [tɕ^{h}ia^{24}tɕ^{h}ia^{55}]

钹，唱戏或者红白喜事时“打鼓”（乐师）用。“恰恰”是敲击时发出的声音。

戏台 [sʅ^{55}t^{h}ia^{33}]

上世纪，大型村庄一般建有戏台，有的戏台就搭建在礼堂里，也有些村子有专门的戏台。现在唱戏活动少了，一些戏台已经废弃。有些村子没有戏台，唱戏前，就在空旷的地方临时搭建。

图8－49 戏台

图8－50 耍灯

唱戏 [tsʰẽ⁵⁵sɿ⁵⁵]

上世纪，宁远本地有戏班子，各乡镇也有戏班了。逢年过节，大一点的村了常常请来戏班子唱戏，尤其是正月，有的村子连续唱几天。宁远本地的戏有两种，一种直接称“唱戏”，是正式官话班子，一般用官话唱；一种叫“耍灯”[$sua^{33}ti\tilde{a}^{35}$]，是民间班子，在平话村多用平话唱（在官话村也用官话唱）。“耍灯”贴近生活，但也有许多庸俗的东西。现在很少有村子请班子唱戏，“耍灯”更少见。

宁远有一个盲人艺人，自创自编自唱自己伴奏。他将鼓放在右边的地上，将锣挂在右边竖起的长条凳上，双脚分别夹住钹。双手拉二胡，双脚击钹，右手时而腾出来敲锣和鼓。他编的戏的内容主要是关于家庭伦理的。

图8－51 唱戏

玖·宗教信仰

图9－1 菩萨

宁远没有形成统一的、严格意义上的宗教信仰。过去，宁远有较多的寺庙，这些寺庙在上世纪六七十年代逐渐废弃。新世纪重修了一些寺庙，但僧人不多，而且一般是外地人。寺庙中供养的神像，除了观音外，普通人对他们的认识都是模糊的，分不清哪一尊像是哪一位菩萨。田野中或者河边偶见土地庙和弥勒佛。世纪之交出现一些耶稣信徒，数量也很少。宁远保留了比较浓厚的巫文化。普通家庭特别是农村家庭，家中有异样的事情发生，一般会求神问鬼。婚嫁、入住新房等要请人算命和择日。人死之后，要请“师公皮子”超度，选择风水宝地下葬，而且下葬还要选定好时刻。宁远不同人的信奉有很大差异，这种差异不是体现为信仰内容的差异，而是体现为对巫的相信程度，进行相关活动的频率以及各种活动程序的复杂程度。总的来说，遇有不顺利的事情，很多人特别是老人首先想到的是通过“问神”[miã^{21}sã^{24}]来解决。除了神婆外，宁远的传说奇人也很多，他们通过念咒、画符等给人解难。宁远农村一般人也用筷子等来验证鬼神、驱赶鬼神。但这些活动在青年一代中已经逐渐减少。

一　宗教

菩萨 [pʰu^{24}so^{21}]

除了在寺庙中供有菩萨，在河边或者深水池塘边上，也偶见菩萨雕像。人们相信，在多次发生溺水事故的地方，一定有妖物作怪。在这样的河段或者深水池塘边上立菩萨雕像，目的是让其显灵镇邪保平安。

土地庙 [tʰɔ^{33}tʰɛ^{21}mi^{21}]

宁远多数土地庙在“文革”时期被拆除。改革开放后，一些地方新建了土地庙。原来的土地庙一般很小，里面只能容纳一尊土地神像，人只能站在外面给土地神进香。新建的土地庙一般比较大，人可以进入。

土地公公 [tʰɔ^{33}tʰɛ^{21}kã^{35}kã^{55}]

土地公公就是土地神。

图9－2 土地庙

图9－3 庵堂腹

庵堂腹 [$\tilde{e}^{35}t^{h}\tilde{e}^{55}pu^{33}$]

庵子，寺庙。宁远过去有很多寺庙，但是后来不少寺庙都被废弃拆除了，保存的寺庙中没有和尚和尼姑，到寺庙中烧香的客人也很少。近年来，一些村子又开始新建寺庙。人们记得原来寺庙的大致位置，新的寺庙就建在这些地方。一些新建的小寺庙中不住和尚，只是供村民烧香拜佛。

二　民间习俗

敬祖公兜子 [tɕiã^{55}tsɔ^{33}kã^{55}təu^{35}lə^{33}]

宁远人对祖宗的敬仰胜过了对神灵的敬仰，他们十分相信祖宗对自己的保佑力量。初一和十五以及过年、过节都要敬供祖宗，家中有大事发生，也要敬祖。除了族人有公共的祖宗祠堂之外，许多人家里都设有神堂。神堂是专门为了敬祖而设的。

县城一些生意人，也供奉财神，每月初一和十五烧香敬奉。

图9－4 祠堂

香哩钵子 [ɕiẽ^{35}lã^{55}pə^{213}lə^{33}]

香炉钵。放在神龛的下面。

八字先生 [pia^{213}tsʰɿ^{21}sã^{35}ɕie^{55}]

八字先生就是算命先生，多为盲人。算命先生一般不带幡子，但背着二胡和小凳子。赶集时选择一个相对固定的地方，坐在小凳子上等待顾客。他们根据顾客提供的生辰时刻为人算命。由于出生的年月日和时刻，用天干地支排列，共八个字，所以称“八字”。遇到测算人的命好，八字先生会要求顾客多付酬金。如果命不好，则会给出一些解救的法子，比如朝某某方向架桥、买回鲤鱼放生，等等。

盯八字 [tio^{213}pa^{213}ts^{h}ʅ^{21}]

根据生辰八字算命。盯八字、盯相、抽签的场地比较集中。

盯相 [tio^{213}ɕiẽ^{55}]

看相。一般看相的先生同时也抽签、抽牌。

盯手相 [tio^{213}səu^{33}ɕiẽ^{55}]

即看手相。

地罗先生 [t^{h}ε^{21}lə^{21}sã^{35}ɕie^{55}]

即风水先生。他们并不脱离生产，也不出门招揽生意，而坐在家中等客人来约请。老人去世，子女为其选择墓地时一般会请风水先生。风水先生通过摆罗盘来精确地确定墓址。

盯地 [tio^{213}t^{h}ε^{21}]

看风水。

鬼婆 [kuε^{33}p^{h}u^{33}]

即女巫。可以替人绹生魂、问神、问灶神。宁远人十分相信命运和鬼神，遇有不顺利的事情，如久病不愈，多数人很想从鬼神方面得到救助。鬼婆的生意很好，她们不需特意招揽生意，只坐在家中接生意，顾客往往排着长队等候。顾客报上要算的人的出生年月日时，或者已故的人的去世时间，鬼婆开始烧香，而后哆哆嗦嗦地"下桥"（下阴间抓活人或者死者的魂魄，让魂魄附身），"上桥"后，便以魂魄的口吻给顾客讲解。她首先要以魂魄的身份跟前来问神的人一一招呼，指出现场的每一个亲人，并且据说还能说出某某本来已经一同前来，中途又返回去了。这就是"喊人"。顾客通过她的"喊人"来判断她的水平以及后面的解说是否准确。

问神 [miã^{21}sã^{24}]

问神就是向鬼婆询问已经过世的人的魂魄。通过问神了解已故亲人在阴间的生活状况，以便及时给予帮助。

绹生魂 [tʰie^{24}ɕie^{35}fã^{24}]

绹生魂就是替活人问魂。当人的命运不顺利时，就希望通过绹生魂来了解原因。人们相信，自己不知道的事情，魂魄却看得很清楚。通过绹生魂可以了解不顺利的具体原因，以便采用一定的方法解除厄运。绹生魂时，顾客报上需要绹生魂的人的名字和岁数，鬼婆即可“下桥”，如果“下桥”后遇到很多同名同时出生的人的魂魄，还要继续追问目标人的特征，如是男是女。随后，鬼婆以魂魄身份解说情况。如果有需要，鬼婆会将符画在一碗水里，以此解除厄运。“上桥”后，鬼婆就又成了正常人。顾客将刚才画的符水带回交给病人喝下，就可以药到病除。也有人自己到鬼婆处绹自己的魂魄。

问撑铛姑姑 [miã^{21}tɕʰie^{35}tɕʰie^{33}kɔ^{35}kɔ^{55}]

即向鬼婆问灶神。由于灶神是管家的神，问灶神就是为了了解灶神的动态、心理。如果家中连连发生不顺利的事情，人们怀疑是家人在某些方面冲撞了撑铛姑姑，或者别的什么鬼神妨碍了自己家的撑铛姑姑管家，就要通过问撑铛姑姑了解具体情况。问撑铛姑姑时，鬼婆“下桥”后，需要客人提供相关信息，才能找到该撑铛姑姑。鬼婆在“桥下”就会以撑铛姑姑的口吻，说出撑铛姑姑管家或者不管家的原因。“上桥”后，鬼婆一般会给出一些解除灾难的办法，诸如给撑家姑姑烧纸钱、赔不是，以及改变某某家具的摆放方向等。

喊魂 [ɕiəu^{213}fã^{24}]

喊魂就是招魂。人们认为，三岁以下的小孩阳气不旺，容易招惹鬼神，将魂魄丢了。怀疑小孩丢了魂时，就要把魂召回来。一般是一人在前喊“某某回来了”，另一人背着孩子并回答“回来了”。

竖箸 [tuã^{55}tsʰɔ^{21}]

竖筷子，也称“立箸”，是普通人对一些鬼神作怪的验证方法。竖筷子有两种方式，一种是只用三根筷子，一边默念此事是某某（过世的人）所为，一边把三根筷子竖在碗中，筷子能立起来则说明猜对了。还有一种，两人对面坐着，各执三根筷子，围成一个“口”形。口中念此事是某某所为，根据筷子接口处往外或者往内来判断是否猜对。

图9-5 竖箸（1）

图9-6 竖箸（2）

收惊 [səu³⁵tɕio³⁵]

婴儿受了惊吓时，家长就会请人“收惊”。“收惊”人默念咒语，在病人身上摸摸画画，据说这样就能将婴儿的惊吓病治好。现在虽然医药条件有了较大的改善，但人们对“收惊”的功效还比较相信，在婴儿久治不愈时，就会想到请人“收惊”，有的人在医学治疗的同时，请“高人”给婴儿做“收惊”治疗。

画水 [xo²¹suɛ³³]

即画符水治病。

汗手 [xiẽ²¹səu³³]

通过念咒语使人致病。

解汗手 [ka³³xiẽ²¹səu³³]

通过画符等解除汗手。

介挂 [ka⁵⁵ko⁵⁵]

介挂就是师傅真心地将法术传授给徒弟。据说传授咒语时，师傅必须真心真意，徒弟才能学会。传授前，师傅要想象出自己师傅的形象，待自己的师傅的形象十分清晰时，才开始向徒弟传授咒语（意思是，不是自己传授，而是祖师在传授）。如果师傅只是敷衍，无意传授，徒弟得到的只是无用的咒语句子，不能使用它显灵。据说师傅临终前的传授是最有效的，即使不在身边聆听，只要徒弟喝下师傅留下的神水，即可获得师傅想给予的全部神力。

宁远方言音系

一 宁远平话音系（中和镇新彰佳村）

声母

共 19 个，含零声母。

p八兵飞枫	pʰ派片病蜂	m麦明饭问	f风副肥活	v月温望雨
t多东刀短	tʰ讨天推甜			l脑南连路
ʦ租竹装纸	ʦʰ寸字抽柱		s丝三船手	
ʨ早酒猪禁	ʨʰ草清轻席		ɕ酸想书信	
k高割家狗	kʰ棵库柜货	ŋ熬牛饿芽	x开海河话	
ø云用药爷				

说明：

（1）[m]声母与鼻化韵母相拼鼻音较重，与非鼻音韵母相拼鼻音稍弱。

（2）[l]有[l][n]和[ȵ]三个变体，与细音相拼实际读音为[ȵ]，与洪音相拼时读[l]或者[n]。

韵母

共 30 个，包括自成音节的[ŋ]。

ɿ丝笑桥节	i米二料力	u过歌雨付	y取举须芋
e敲苋限硬	ie宝茄耳闹		ye栓撑惯关
ɛ七碑浸笔		uɛ崔嘴出水	
a被飞炸来	ia辣八发灾	ua耍醉触骨	ya挂挖刮快
ə多贝濑爱			
ɔ苦古木谷	iɔ姣尿文		
o茶牙南冷	io写病星命		
əu走豆牛卒	iəu窖秋法六		
ei肺越血费		uei脆缺绝雪	
ẽ糖床帮双	iẽ敢干盘牵		yẽ算官团乱
ã根深升办	iã新吞本讲	uã寸春顺选	yã笋匀运菌
ŋ安人你进			

说明：

（1）[ɿ]单独成音节时，实际音值为[zɿ]。

（2）[u]作单韵母时，在[Ø][k] [k^h][f]声母后，比标准[u]稍展，上齿与下唇构成了阻碍，相当于[ʋ]，为记录方便，仍记为[u]；在[p] [p^h]后，发音比标准[u]稍前，唇形稍展。

（3）[y]作单韵母时，实际音值近于[ʮ]。

（4）[ɛ]比标准[ɛ]略开，舌位稍后。

（5）[a]比标准[a]略闭。在[ã]中舌位靠后，实际音值为[ᴀ]。

（6）[e]在[iẽ][yẽ]中稍闭，近于[ɪ]。

（7）[ɔ]比标准[ɔ]略展。

（8）鼻化韵不稳定，与相应的后鼻尾韵成自由变读，如ẽ有时读为[eŋ]或[ẽŋ]，[yẽ]有时为[yeŋ]或[yẽŋ]。

（9）[əu]动程较小。

（10）[iẽ]的介音不明显，尤其在[k] [k^h] [x] [ŋ]后，已近于[ĩ]。

声调

共 6 个，不含轻声。

阴平 35　东该灯通开天春削　　阳平 24　门龙牛油铜皮糖红徒

上声 33　古鬼九苦讨草嘴早

阴去 55　买老五自动半寸去　　阳去 21　卖路硬树地六麦白

入声 213　谷百节急哭罚七黑

说明：

宁远平话的连读变调，主要是后字变调，变调后的音值主要是 55，33，21 三种，变调后的音值以前字声调的最后一个调素而定。

（1）平话的两字组连读变调主要是后字变调。平话的连读变调看上去像轻声，但这种连读变调现象不具备音值短、不稳定、主要元音变化、韵尾脱离等一些轻声的常见特征，这种连读变调的两字组中后字音值清晰，都可以延长，有时重音还正好落在后字上，如“安排”重音落在“排”上。

（2）平话两字组连读变调有时可区别意义。一般连读变调发生在词的内部，词组读本调。如“山”是阴平字，“禁山”作名词时，读[55+55]，“山”读变调；作动宾词组时，意思是禁止上山打柴，读[55+35]，“山”读本调。又如“烤烟”，只在作名词的时候发生连读变调。平话的变调和不变调有时候虽然不对立，但是该读变调的时候读本调，听话人会感到迷惑，“泥鳅”如果读本调[24+35]，听话人会以为把“立秋”读错了。

平话的变调主要见于名词，也有少数形容词和个别动词。由动词性短语转化而来的名词，连读的时候不发生变调，如“立秋”，作节气讲的时候虽然是名词，但是它是由动宾词组转化来的，“秋”不变调。由形容词转化而来的名词往往发生连读变调。如“荤腥”，本来是形容词，可以修饰名词（“荤腥物什”），但是现在大多数场合都当名词用，“腥”在两种情况下都读变调，由[35]变为[55]。少数动词带宾语的时候发生连读变调，不带宾语的时候读本调。如“操心”“放心”，在“放心吃”“操心他”中，“心”由本调[35]变为[55]。

（3）各调类变调情况如下表（画线表示例子少，空白表示不变调）：

两字组连读变调表

	阴平 35	阳平 24	上声 33	阴去 55	阳去 21	入声 213
阴平 35	35+55	35+55/35+33	35 ＋ 55		35 ＋ 33	35+33/35 ＋ 21
阳平 24	24+55	24+55/24+33	55 ＋ 21		21 ＋ 21	24 ＋ 33
上声 33	33 ＋ 33	33+33				
阴去 55	55+55	55+33/55 ＋ 21	24 ＋ 55	55 ＋ 21		
阳去 21	21+55	21+33/21 ＋ 55		21 ＋ 21/21 ＋ 33		
入声 213	21+55	21+33	21+33	21+55		21+33/21+55

二 宁远官话音系（中和镇小桃园村）

声母

共 19 个，包括零声母。

p八兵白病	p^h派片傍扒	m麦明马慢	f副肥活悔	v挖温外碗
t多东刀丢	t^h讨天推听			l脑南连六
ts租竹装站	ts^h寸茶抽唱		s丝三梭杀	
tɕ早酒柱主	$tɕ^h$草清轻墙		ɕ酸想书信	
k高割狗工	k^h库跪扣砍	ŋ熬牛饿岩	x海河咸红	
∅云用药有				

韵母

共 29 个。

ɿ师丝字死	i米力利敌	u过歌苦扑	y取举须芋
ɛ爱坏太灾		uɛ歪帅快怀	
a茶坝塔那	ia牙鸭下杀	ua抓刮刷跨	
ə而拍麦给	ie姐扯谢些		ye月雪绝倔
ɔ宝饱扫号	iɔ叫笑桥$_{文}$舀		
o过坐错火	io药学脚邪		
əu走豆狗投	iəu秋油牛有		
ei肺回碑妹		uei亏鬼睡锤	

ẽ根奔深登	iẽ新边病编	uẽ棍春困捆	yẽ熏云选圈
ã半办放张	iã讲响墙酿	uã双官宽短	
oŋ蜂公东捧	ioŋ熊用穷凶		

声调

共 4 个，不含轻声。

阴平 33 东该灯通开天春飞　　阳平 21 门龙牛油铜皮六塘

上声 55 古鬼九苦草嘴讨桶

去声 24 老动冻四硬树乱饭

三　宁远土话音系（冷水镇新张家村）

声母

共19个，包括零声母。

p步皮飞平	p^h破妇蜂偏	m麦麻门闻	f符火肺婚	
t抬题啄田	t^h铁胎通天	n日银娘闹		l李罗龙粮
ts租遭情针	ts^h粗超聪净		s撕烧手身	
tɕ鸡脚砖柑	$tɕ^h$秋吹穿劝		ɕ世修船孙	
k句高街公	k^h跪靠敲空	ŋ牙牛咬颜	x好胡欢红	
ø衣矮滑用				

韵母

共28个。

ɿ祖粗思事	i碑鼻肺眠	u婆骆落鹅	y猪柱岁女
a摆街鸭抬	ia恰奶	ua乖快挖括	
o疤麻家画	io谢野踢写		
e抵泥古土	ie十食赢		ye决赚薛
ai头愁口后			
au包教咬脑	iau标笑钓庙		
ei活悔南胆		uei归桂泪掼	
əu飞服赔模	iəu脚袖药留		

ã塘根床含　　iã占娘田镰盐　　uã温旺滚稳　　yã专兄寸柑

ən捧东公端　　in心金龙穿镇

oŋ干团春庵　　ioŋ云闰裙菌

ŋ五伍午鱼

声调

共 5 个，不含轻声。

阴平 21　高猪开抽伤 / 急锡割尺发

阳平 13　穷床寒神人龙才平抬麻

上声 53　古走短口丑草好手粉五

阴去 33　盖帐醉对变爱唱菜怕世

阳去 55　大病树让漏 / 月六杂读合

说明：土话音系引自谢奇勇的《湘南永州土话音韵比较研究》(湖南师范大学出版社 2010 年，第 26 ~ 27 页）。

〔索 引〕

一 词条索引

其他

二 图片索引

壹 房舍建筑

贰 日常用具

叁　服饰穿戴

肆　饮食起居

伍　农工百艺

陆 婚育丧葬

柒 岁时节令

捌　游戏娱乐

玖　宗教信仰

〔后记〕

我对方言民俗有着浓厚的兴趣，对生我养我的宁远有着深厚的感情。因此，项目组要我撰写宁远方言民俗图典，我欣然受命，并与李翠云一起很快就开始了实地调查。2011 年到 2013 年的三个春节、2011 年 2013 年的暑假我们都是在宁远度过的。此外，逢有假日，我们便回到宁远进行调查；一旦听说有民俗事项发生，我们就赶回调查。调查工作一直持续到文稿完成。

调查工作十分艰苦，而且越是到后面，越是困难。为了找到一个名物，有时要从单位到宁远来回几趟。盲人何运崽的表演很有地方特色，但他的行踪不定。为了拍摄他表演的场景，我们费了一番周折。好不容易找到他了，但他那天却不能像往常一样表演：六十多岁的他由于无人照顾，独自一人到山中摸柴，双手都受了伤，脚也被开水烫伤了。第二次找到他时，他的手脚又受了伤。

有的调查需要通宵，如丧葬仪式。有的调查需要很早起床，如春节的“出行”。有些调查，是被调查人很不乐意的，如看相、问神。有些民俗活动的调查，不能一次性顺利地完成，需要多次重复。一般来说，我们白天调查，晚上整理。

调查工作主要是我和李翠云两人完成的。调查过程中，我们得到了许多帮助。感谢协助我们调查的所有父老乡亲，他们不嫌麻烦，热情地搬出藏了多年沾满灰尘的物件，让我们拍照，特别感谢允许我们使用其相片的亲友们！感谢为我们及时提供信息的亲友们，因为他们提前通知，我们才有可能及时赶到，拍摄到民俗事项发生的现场和过程。感谢发音和调查合作人李怀清老师、欧阳少章老师、胡新玉女士！除了集中调查外，不明白的地方，我们还常常打电话向他们咨询，他们总是耐心地讲解。我母亲也为我做了发音人。关于民俗，我们还咨询了许多亲友。除了我们自己调查外，我的亲朋好友帮助拍摄了一些相片。特别是我的女儿李卓羽为本项目的调查和整理做了不少工作。在整理调查资料的过程中，我的好友成小平老师付出了不少辛劳。图片的命名和编号、条目的编号，都得到了成老师主动提供的帮助。对为本项目付出劳动的所有亲朋好友表示感谢！

接受本项目的任务时，我正在北京语言大学跟随曹志耘教授做博士后研究，曹老师对该项目的研究，给予我很多指导，并经常关心我的工作进度。我经常就该项目与北京语言大学语言研究所的老师交流，受益颇多。衷心感谢曹老师和语言所的老师们！语文出版社为本书的出版提供了大力支持，在此一并致谢！

调查和写作过程中，我三次变换工作单位。2011 年因为生活原因，我辞去湖南商学院学位办副主任的工作，到渭南师范学院任教育科学学院院长。渭南师范的领导和同事给了我许多的支持，使我的调查得以继续；2011 年 9 月，我回到长沙，在长沙师范专科学校任升本办主任（2013 年长沙师范专科学校升格为长沙师范学院），李翠云也调入长沙师范。长沙师范的领导和同事对我们的调查研究工作非常支持。感谢渭南师范学院、长沙师范学校的领导和同事们！

本书参考了宁远县县志编撰委员会编的《宁远县志(1978—2003)》(方志出版社 2007 年)、湖南省宁远县地方志编撰委员会编的《宁远县志》(社会科学文献出版社 1993 年)、张晓勤著的《宁远平话研究》(湖南教育出版社 1999 年)、谢奇勇的《湘南永州土话音韵比较研究》(湖南师范大学出版社 2010 年)，谨此致谢！

该项目是在课题组的统一指导下，由我和李翠云合作完成的。我负责引言、第一章、第二章、第三章、第四章、第五章的撰写，李翠云负责第六章、第七章、第八章、第九章的撰写。由于水平有限，文中疏漏难免，敬请读者批评！

李永新

2014 年 8 月